「恐怖」のパラドックス
～安心感への執着が恐

本書へ贈る賛辞と

JN016163

もっとも根本的な人間形成に関する
痛快なほどに大胆不敵で，非常に繊細な研究である。
私はこれから先長いあいだこの本のことを考え続けるだろう。

―― **アラン・バーディック**

"Why Time Flies: A Mostly Scientific Investigation"
（2017年，邦題：なぜ時間は飛ぶか：おおむね科学的な調査）

フランク・ファランダは精神について，
とりわけ恐怖と想像のあいだの相互作用について
深い学識のある研究者である。彼は卓越した思索家，
著述家であるのみならず，素晴らしい語り手であり，
人間の鋭い観察者である。そしてもっと向上できるよう
私たちを優しく導いてくれるよき師である。

―― **ダグラス・ラシュコフ**

ベストセラー作家。
ニューヨーク市立大学クイーンズ校メディア理論・デジタル経済学教授。

これは「不安」と「恐怖に追い立てられる私たち」をめぐる
精神分析的思考の旅である。洞察と情報に満ちた
本書は，よりよく，より賢明になるために
自分の心理的脆弱性と向かい合うよう私たちに迫る。

―― **スティーブン・ジョセフ博士**

心理学者。ノッティンガム大学教授（イギリス）。
"Authentic: How to be yourself and Why It Matters"
（2016年，邦題：本物の自分：いかに自分自身になるか，なぜそれが重要か）

「恐怖」の
パラドックス

安心感への執着が
恐怖心を生む

フランク・ファランダ=著

清水寛之・井上智義=監訳 松矢英晶=訳

The Fear Paradox

NEWTON PRESS

妻と息子へ

「恐怖」の パラドックス

安心感への執着が 恐怖心を生む

脅威としての恐怖

「恐怖は，我々の世界の認識が
根底から変わってしまうほど，私たちを変容させる」

ヘンリー・L・チェンバース Jr.（法科大学院教授）

　少し前のある夏，私は長いあいだ忘れていたもの ―― 波に乗る喜びを思い出した。ゆっくり寄せる小さい波ではなく，からだを砂のなかへたたきつけ，20mももっていくような波のことだ。これはある日の午後，ケープコッドのマルコーニの浜で私の12歳の息子と波乗りをしたときの話である。

　私自身は二十代のときケープコッドでひと夏を過ごし，そこで何度も波に乗った。当時の私は今よりずっと強靭なからだだったが，歳をとって戻ってきても前と同じようにワクワクした。驚いたのは，息子が私と一緒に海に入ってきたことだ。息子は波乗りがとりわけ好きだったわけではないが，子どもから年配者までおおぜいの人が楽しそうにしている様子を見て，自分もそのなかに飛び込んでいこうと思ったのだろう。そのときの私に，波に乗ることで感じる喜びが，危険と隣り合わせであるがゆえの喜びなのだという意識があったわけではない。だが今になってみれば，それが真実

だったのだと思う。

　私はただ，息子がそばにいる現実がうれしかった。何度か波に乗ったあと水平線の方に目をやると，突然，巨大なうねりが現れるのが目に入った。うねりと一緒に，動きがとれなくなるような激しい引き波が襲ってくる。息子も波に乗る身構えをしていた。私は押しつぶすようにかぶさってきた波のなかへ飛び込み，岸へ向かって波に乗った。ものすごい大波に振り回されながら，やっと立ち上がって見渡すと，妻が浜辺で息子の方を指さしているのが見え，少し間をおいてようやく彼女が何を叫んでいるのかわかった。「あの子，けがしてる！」。妻の指さす方をよく見ようと，目のまわりから水をぬぐって息子に視線を向けた。彼はまっすぐに立って腕を抱えていた。そのとき目に入った彼のひじは，おかしな方向に曲がっていたのだ。駆け寄ると，ひじに異様な出っぱりが見えた。息子の顔は苦痛と恐怖に覆われていた。私のなかの高揚感は，胃のなかで不快なものへと変わっていった。それからの数カ月，悲観と不安のなかでひたすら治療が続いた。

　結局，腕は手術をせずに元に戻すことができ，数カ月の厳しいリハビリを経て息子はすっかりよくなった。そのあとも機会あるたびに，私と妻は息子とけがや彼の気持ちについて語り合った。ただ，私は最後の波が襲いかかってくる直前の喜びについては決して口にしなかった。喜びをあのような恐ろしい体験に結びつけるのは間違っている，そう思うと妻にその話をすることなど考えられなかったし，まして息子に話せるものでもない。ところがおよそ一年後，何がきっかけだったのか覚えていないが，車のなかであの事故の話になった。私は，波に乗ったときの長いこと忘れていた喜びが戻ってきた事実を打ち明け，信号待ちで止まったときにそっと息子の方を見た。彼は私と目を合わせ，ゆっくりと笑みを浮かべてうなずきながら，「知ってるよ。僕も同じだった」と言った。それ以上のことばは必要なかった。あの日の結末をわかっていても，直前の高揚感はどうしても

否定できない。不幸にも，私たちは喜んだせいで少しだけ危険に近づきすぎた。でもなぜ──？　恐怖の淵のすぐそばにいるときに限って喜びを感じることが多いのはなぜなのだろう？

　私たち人間にとって恐怖は複雑な事象である。私が恐怖の研究を始めた大きな理由は，恐怖を感じる心の謎を自身と患者のために解き明かしたかったからである。臨床心理士として，恐怖からくる苦しみの話を毎日のように聞くにつれ，恐怖を感じることは想像していたよりもずっと破壊的だという事実に気がついた。

　ほかの動物の恐怖と違い，人の恐怖は奇妙な形や大きさで現れる。人類が進化する過程で，私たちの生活のなかで恐怖が果たす役割は劇的に変わってきた。この変化は個々の人に対してだけでなく，歴史的にも社会的にも起こった。ほかの動物にとっては生存に必要な味方である恐怖が，私たちにはしばしば警戒すべき脅威となる。

　1933年，フランクリン・ルーズベルトは恐怖について警告を発している。絶望にうちのめされ，明るい希望を待ち焦がれている国民に向けた最初の就任演説のなかに有名なことばがある。1929年の大恐慌による経済的破綻からの回復はいき詰まり，アメリカが泥沼から脱出するためには，破綻に対する心のわだかまりを整理し立ち直ることが必要だとルーズベルトにはわかっていた。彼はまた，絶望と回復への可能性のどちらにおいても，恐怖が主要な役割を担うと理解していたのだ。たとえ，あとになって危険を誤って認識していたとわかっても，すでに感じていた恐怖がときに人の心を傷つけ，むしばむことを知っていた。ルーズベルトは，これについて次のように雄弁に語っている。「我々が恐れなければならないものは，恐れる心そのものだ。それはまた，後退を前進へと転換するために必要な努力を麻痺させる，言いようのない不合理で，不当な恐怖そのものであるという私の固い信念を強く申し上げる」。

ルーズベルトのいう麻痺は，ほとんど誰もが，暮らしのなかのどこかで経験したことのあるものだ。これこそ，無数の自助と自己啓発の本が私たちを解放しようと試みているものである。しかし，私が不思議に思うのは，そもそもなぜ恐怖はこれほどやっかいなものなのか，そして，いかにして人間にとってこんなにも異質なものになったのかということである。これらの問いに答えを見つけるために，私はまず自分の患者へ目を向けた。そして，私たちはどうやって「今ある私たち」になったのかという長い歴史の旅を始めた。神経生物学，歴史学，社会学，進化生物学，認知科学，精神分析，そして比較心理学のすべてが，私がこの本のなかで探求しているものの手助けとなった。この本は，恐怖に対して「どうするか」の本ではない。恐怖が「どのように」やってくるかの本である。

◆　◆　◆

　街の通りで毎日目にする光景がある。よちよち歩きの幼児が歩道の上でぐずぐずしており，近くには母親が誰も乗っていないベビーカーと一緒に待っている。どうやらこれから帰宅するところらしい。母親は幼児に向かって何度も「早くいらっしゃい。もういくよ。一緒に歩ける？」と繰り返している。やがて前ぶれもなく，母親は「お母さんは先にいくから」と言い放つ。一本調子のメロディのように頭に刷り込まれているそのひと言を聞いた途端，子どもはどきっとして振り返り，今にも歩き始めそうな母親を見据える。そして間髪をいれず叫ぶ，「だめ！待って！」。子どもは怯え，とたんに素直になり，母親に走り寄る。

　人は幼いころから対人関係で恐怖を覚えるような小さな出来事を経験し始め，不確実なものに対する経験が核心となって個人の心理が形成されるだけでなく，社会の構造までつくりあげられていく。それがあまりに際立っているので，アラン・ワッツやポール・ティリッヒなどの偉大な思想家

が，私たちの時代を不安の時代と表現したのも無理はない[1]。

　アメリカでは，任意にとり出した12カ月間の区切りのなかで統計値を見ると，18歳から50歳までの5,000万人を超える人々，すなわち成人人口の19パーセントが，診断可能ななんらかの不安障害を抱えていると推定されている[2]。この統計には，全般性不安障害，パニック障害，強迫症，恐怖症，社会不安障害，広場恐怖症，そして心的外傷後ストレス障害（PTSD）が含まれている。これだけでもすでに高い比率だが，一生涯を対象とした統計では比率が31パーセントへ跳ね上がる。私に言わせれば，これはすでに流行疾患の域に達している。さらに，深刻な不安症に悩んでいるものの，わずかの差で診断基準を満たさない人たちの数を考えると，統計数値はさらに驚くべきものとなる。

　いうまでもなく，私たちの個人的資源も医療資源も，不安とその究極の源である恐怖の影響を管理し，治療することに使われている。救急治療室は，自分が心臓発作を起こしていると勘違いしているパニック障害の患者でいっぱいとなり，製薬業界は全般性不安障害の患者に対して薬を与えることで大きな利益を得ている。

　しかし恐怖には，これらの症状やかかる費用に加えて，実は私たちの多くを悩ませているもっと気づきにくい弊害がある。それは，私たちが自らの人生の膨大な部分を恐怖のために無駄にしているという事実だ。その結果，私たちの自由は抑制され，幸福感は消え去り，自己実現の能力——自分は何者で，何になりたいのかを呼びさます能力は失われる。そしてこれから示すように，恐怖がとくにやっかいなのは，私たちに気づかれずにひそかに影響を及ぼす驚くべき能力をもっているという面である。

　上記のことは，私がティムという名前の患者に接して目の当たりにしたことである[3]。最初に会ったとき，ティムは自分の生活にそれなりに満足しているように見えた。自分の仕事に満足し，好きな女性とも良好な関係に

あった。ただ，この二人のあいだの唯一の対立点は，ティムに野心がないことだったのだ。彼女と違ってティムは現状に満足していた。キャリアアップを図ろうとする意欲ももたず，私生活でも仕事のうえでも自己を表現することに関心がなかった。この違いが二人が対立する原因だった。業を煮やした彼女は，「悪いところ」を治すためにセラピーに通うことを彼に約束させた。

　創造性や野心の価値は私も認めるが，誰しもすべてが追求すべきものだとは思わない。どうにかやりくりしながら自分の生活に満足して暮らすことに，病気と結びつけるものは何もないというのが私の考えだ。だがそれは，怖さゆえに一番抵抗の少ない道を選んで歩く，ということとは違う。

　この時点でティムについてわかっていたのは，彼が自身のキャリアで出世を目指すことにまったく関心がないという事実だった。「もし自分が昇進を願うならそのための努力をしています。私が思いとどまっているのは恐怖があるからではなく，願望がないからなのです」と，彼は私にはっきりと言い，次のように続けた。「私にどうしろと言うのです？　そんな願望はないんです」。

　そこで話はいったん終わったが，ある日ティムが，自分はこれまで15年間泣いたことがない，と打ち明けた。そのとき私は深い悲しみと哀れみの感情の波に打たれた。彼は自分に泣かないようにと無理に言い聞かせ，泣くことをやめた，と言った。最後に泣いたのは，高校で女生徒とのあいだで起こった屈辱的なエピソードのあとだった。彼の苦痛とともに一緒の時間を過ごして見えたのは，彼が心の傷を閉め出したときに欲望の感情も閉め出してしまったことだ。そもそも欲望が彼の心理的トラブルの原因だと思われた。彼のなかに，これから先傷つかないように自分を守ろうとする部分があり，それによって彼は系統的に条件づけられ，何も求めない人間に変えられていった。傷つくこと，屈辱，そして苦痛に対する恐怖が特殊

な防御システムを構築した。この防御システムは完全に意識の外にあり，目に見えないがゆえに極めてうまく機能した。

　私たちは，恐怖が自分たちの生活に重大な弊害を与える社会に暮らしている。だから，あらゆる機会に恐怖と戦うのも不思議ではない。自己啓発の指導者や自助本の著者は，恐怖と不安のために抱える心の脆さから人々を解き放つためのシステムやプログラムを数限りなく世に送り出してきた。自己啓発の世界で活動する指導者たちは，実にさまざまな方法でクライアントや読者が恐怖に真正面から向き合うための手助けをし，心の平穏以外のニーズを満たすための道を選ばせようとする。

　そして，アメリカの名司会者オプラ・ウィンフリーが熱した石炭の上を歩いたことを思い出してみよう。火渡りは今やニューエイジ運動のなかに吸収されてしまったが，そのルーツは数千年もさかのぼる[4]。これに類似する儀式は古代ギリシャから現在のアメリカまで西洋文化のなかに組み込まれてきた。この現象の背後にある科学（それが火の上を人間が歩くことを可能にするというわけだが）はともかく，火渡りは恐怖と対峙する参加者に新たなパワーの感覚を授ける，儀式化された体験なのだ。体験した人々は，自分の生命に新たな活力がわいてきて，自己を表現する自由を得たと語っている。残念ながら，そうした生まれ変わった自分は長続きしない。

　恐怖の心理状態から一時的に生まれ変わるための文化的な手法はさまざまな形で存在する。勇気がたたえられ，胸に勲章を飾られたときに感じるプライドしかり，書店の自己啓発本の棚に（オンラインか紙かはこの際関係ない）まるで自分を待っていたかのような答えを見つけたときしかり，私たちの文化はたくさんの可能性を提供してくれる。次から次に出てくる本が，勇気を得たい，恐怖から逃れたいという私たちの願望をあらわにし，毎年何千冊という本が救済を約束する。そしてこれらの本が共通して主張する点を一つ挙げるとすれば，恐怖こそが私たちから活力と自己実現を喪

失させる犯人なのだ，という点である。西洋社会においては，恐怖を克服することについて万人の支持があるようだ。思想家で哲学者のエマーソン自身も，「日々の生活のなかで恐怖を克服しない人は，生き方の教えを学んでいない人だ[5]」と書いて，これは生きるための処方箋だと述べている。つまり私たちは勇気を価値あるものとして捉えている。2018年にマージョリー・ストーンマン・ダグラス高校で起こった銃撃事件では，恐怖がもたらす萎縮効果とそれに係わる嫌悪感を直接垣間見ることになった。校舎のなかで生徒が殺害されているあいだ，皆から信頼されているはずの郡保安官事務所の保安官代理スコット・ピーターソンが建物の入り口前で凍りつき，何もしなかったという場面を記録した映像は，正視するに耐えないほど衝撃的だった。と同時に，悲しいほど納得できるものでもあった。

　私が勇気，あるいは勇気の欠如について興味をひかれるのは，勇気は獲得できるのかとか恐怖を克服する働きがあるのかといったことではない。そもそもなぜ勇気が必要になったのかである。私たちの文化も，私たちの文化の前に存在した無数の文化も，なぜ勇気を獲得するための礎となる儀式をつくり出したのか？　勇気とは，いってみれば冬のオーバーコートのようなものだ。どんなにかっこよくても，冬がべらぼうに寒くなかったら持っていたって仕方がない。これほど徹底的な対処を必要とする恐怖とはいったいなんなのだ？　恐怖とは，もともと迫ってくる危険を私たちに警告するように設計されたものではなかったか？　では，生存に不可欠なはずの恐怖が，なぜ私たちを脅かす存在へと進化していったのだろうか？

1

私たちのなかに棲む恐怖

「 我々のなかのもっとも奥深い恐怖は，
我々のもっとも奥深くにある宝物を守っている
ドラゴンに似ている」

リルケ （詩人，作家）

　何度も私にカメについて質問してくる患者がいる。私のオフィスの本棚
にはたくさんのカメの置物が本と一緒に並んでいるからだ。何がきっかけ
でカメの収集を始めたか覚えていないが，最初にカメを見つけたときのこ
とは覚えている。

　母が亡くなったあと，母の住まいを片づけているとき小さな飾り棚のな
かで見つけた。私が子どものころから知っているカメの置物は金色に塗ら
れた金属製で，甲羅を開けると秘密の物入れになっていた。いったい何が
入っているのだろうと，なかば期待しながらそのカメを棚からおろした。
ひょっとしたら母の人生の知らない部分？　それとも私の子ども時代の思
い出？　もしかしたらひと房の髪の毛とか，アンティークの指輪とか，古
銭とか，長いあいだ忘れていたものかもしれない。だが開けてみてびっく
り。なかはからっぽだった。そのときがっかりしたようにも思うのだが，
母の死の悲しみとごっちゃになって自分でもよくわからない。

カメの置物のコレクションのことを患者に聞かれればいつでも話をするが、母とのつながりについて話したことはない。「しばらく前に集め始めたら、カメはなかなか興味深いものだと気がついたのです」とだけ言うことにしている。私がよく口にするのは、カメを見ていると人間を思い出すということだ。人間もカメの甲羅のように殻をもち、殻のなかに隠れる。たしか、こんなようなことをエイプリルという名の女性に言ったことがある。彼女は心理療法を受けに来ていたが、6カ月ほど経ったころにカメのことを聞いてきた。たぶん、カメの置物が私にとってどんな意味があるかを答える前に、彼女がどう思っているかたずねたと思う。

　深層心理療法においては、患者とセラピストの関係は現実の世界と想像の世界の両面からなる。セラピストとして私の存在は現実であり、感情も正直に表現するという意味で現実の世界にいる。一方、セラピストは患者に対していろいろな役柄を演じ、患者もセラピストに対して同様に役柄を演じるが、演じる役柄は主観的な想像物に満ちている。この意味で想像の世界にいる。深層心理療法では、これを感情の転移および逆転移と呼ぶ。

　精神分析の創始者ジークムント・フロイトや心理学者カール・ユングの研究によって、「無意識」に注目が集まるようになった。それ以降およそ120年間に私たち臨床心理士が明らかにしたのは、人間の初期発達のパターンが他者の想像的知覚の形成のための原材料となり得るということであった[6]。私たちはみんな、この「投影」を経験しており、本質的に、私たちの主観はこの投影で構成されている。

　この種の認識を語るときに「想像的」ということばを用いたのは、本書の第3章で検討する「心のモデル」に注目したいからである。このモデルにおける想像とは、「意識的な」創造活動ではなく「無意識的な」創造活動を指していて、創造性に富み、絶えず「私たちの心のなかでつくられているもの」である。心理学者のスティーブン・ピンカーは、これを知性の

基盤となるもの，比喩表現と組み合わせ論のプロセスと呼んでいる[7]。それで，エイプリルが私のカメのコレクションに興味を示したとき，彼女自身のことや，彼女の心が無意識のうちに彼女をどこへ連れていくのかをもう少し深く理解するチャンスだと思った。

エイプリルは，生まれてからずっとニューヨークで暮らしてきた32歳の独身女性で，精神面できびしく，自己愛の強い父親のもとで育った。彼女は現在，保険業界の保険数理士として働いている。

エイプリルとの経験をことばで説明するのは難しい。彼女は，気さくで飾らないという意味で，感じのよい，魅力的な女性だ。社交上手でもあるが，彼女と一緒にいるといつも，どこか遠くにいるように思わせる特異な資質を感じる。話をしている最中に，まぶたを閉じるようなしぐさで視線を落とすときがあり，エイプリルがどこか遠くにいるかのように静かに距離をおくときだ。彼女はこれを「秘密の島」へいくと呼ぶ。これが始まると私はただ，彼女が戻ってくるのを待つ。そして戻ってくると，彼女は目の前にいる私に驚いたような様子を見せ，そのとき私には彼女が恐怖を感じていることがわかる。

エイプリルは少しずつ恐怖を募らせながら成長していった。父親の娘に対する期待，要求，それとない威圧が，愛情と親子関係のなかで少しずつ脅威の認識パターンを形成し始めるようになった。エイプリルはだんだんとデートや恋愛から遠ざかり，私と出会ったころには，すでに何年も一人きりの暮らしを送っていた。

これまでみたような恐怖と防衛の関係性の変化を理解するために調べ始めて間もなく，「恐怖で苦しむのは動物のなかでたぶん人間だけ」だということを発見した。ここで私が言っているのは，恐怖が行動を限定したり，探求心を制限したりすることではない。それは，すべての動物を危害から守るために恐怖が用いる武器の一つだからだ。私が言おうとしているの

は，人類に対するもっと深い衝撃，つまり恐怖が私たちの敵に回る状況のことだ。命が誕生する最初の瞬間までさかのぼることで見えてくるのは，人にはほかの動物にはない特別な何かがあり，この違いが，私たちの内部における恐怖の働きを変えてしまうのだ。

恐怖の誕生

　私たちはまったく無力な赤ん坊としてこの世に生まれ出る。赤ん坊は，保護と身体発育のためだけでなく，もっと複雑な精神発達のために，自分の面倒を見てくれる保護者に依存する。この時点で人間はほかの動物と違う道を歩み始めるのだ。もっと先の方で，進化の過程がいかにして私たちを今の私たちにしたかという点をもっと詳細に掘り下げるが，とりあえず今は「ヒト」が，ほかの霊長類の親戚も含めたほかの「動物」とくらべて著しく依存性が高い状態でこの世に生まれ出る，というだけで十分としておこう。さらに，人は脆弱さをもってこの世に生まれ出るので，私たちは実に広範囲にわたり潜在する心理的トラブルにさらされる。それなのに，私たちの脆弱性と依存性はたいてい見過ごされたままになる —— 何か異変が起こるまでは。

　第二次世界大戦のさなかのロンドン大空襲のあと，数知れない子どもが孤児となりロンドン・ファウンドリング病院に収容された。ちょうどそのころ病院に，オーストラリア人の外科と精神科の医師であった，ルネ・スピッツが勤務していた[8]。スピッツがまず驚いたのは，病院の保育施設のなかが異様に静かなことだった。そこにいるたくさんの乳幼児は1歳にも満たず，放棄され一人ぼっちだったにもかかわらず，泣いている子が一人もいなかったのだ。スピッツは保育施設の乳幼児を対象に研究を始め，そこから幼少期に必要なものと母性愛の重要さを解明する道へと歩み始める[9]。

　やがてスピッツは，一貫して愛情を受けることなく育つ赤ん坊に何が起こるかを学んだ。保育施設の乳幼児は何カ月にもわたって極端な育児放棄を経験した結果，ただの人間の殻へと変わってしまったのだ。医者はこの状態を「依存性抑鬱」と呼び，いま見た乳幼児の例のような精神的外傷に起因する，生まれて最初の一年以内に起こる抑鬱状態をさす。

　これほどまでに生気を失った乳幼児がどんな状態にあるかをもっとよく理解するには，Google でルネ・スピッツ（Rene Spitz）と*Foundling Infants*（捨てられた乳幼児たち）”を検索してみることをお勧めする。そこに登場する幼い人間たちの生命力は深い池のなかへと沈み，あとには暗く，うつろなものだけが残っているのをご覧になるだろう。これら育児放棄された乳幼児は自分たちの欲求を外の世界へ向けて示すことがなくなり，また外の世界からのどんな努力も彼らに届くことはなかった。

　エイプリルの苦闘をこれら保育施設の乳幼児に重ね合わせるのはそれほど難しいことではない。つまり，外の世界の脅威があまりに大きいときの答えはただ一つ，逃避することだ。しかも驚くのは，物理的に逃避することが難しいときにも，私たちの神経系は，身体的にそこにありながら精神的に逃避する方法を発見したのだ。もちろん，これら保育施設の乳幼児たちはエイプリルほどラッキーではなかった。これらの乳幼児が経験したような極端な喪失状態から立ち直るのは難しい。ただ共通しているのは，人生のもっとも初期の時点から，人の幸せは他人の手のなかにあるということだ。そして，その他人が愛情と細心の注意をもって接してくれなかったら，人には苦しみあるのみなのだ。この依存性から安全に避難できる場所はない。

　児童期の発達で驚くべきことの一つは，子どもは何が起ころうとも自分と自分の保護者の位置関係を維持する術を知っているという点がある。私たちは，いわゆるアタッチメント（愛着）の一つの側面として，養育者との

物理的な近さを保つことが生物学的にプログラムされているだけでなく，人間に見られるアタッチメントは，心理学的に親を愛し信頼するようにプログラムされている。もし親の行為によって自分たちに「悪い」ことが起きても，子どもたちは親のせいだと思わない。子どもの論理は単純だ。「もし自分がよい子ならお菓子をもらえる。もらえないのは，自分が悪いことをしたからだ」。前述のスピッツに続く精神分析家ロナルド・フェアバーンは，これを道徳的防衛と呼んだ[10]。子どもは親を道徳的に自分より上位にあるとみなす。もし親の行為が自分に苦痛を及ぼしたら，あるいは欲しいものが手に入らなかったら，それは親のせいではなく自分に非があり，「こうなって当然」と考える。そして，そう考えることによって子どもは保護者ともっと良好な関係を維持できるようになる。悪なるものは自分のなかにあると思えば，親は善なるものとして存在し，親との関係を保つのがより容易になる。悪い親を好きになろうとするよりも，自分が悪者で，善なる親を好きになる方がずっと簡単だ。

　ここで私が強調したいのは，私たちは，保護者としての役割をまっとうできない親とさえも関係を維持できる方法を考え出したという点だ。これは，進化工学という視点からは驚くべきことであり，人としての視点からは非常に悲しいことである。私たちにとって保護者となるべき人が，私たちへの最悪の脅威となり，楽しいことでいっぱいのはずの子ども時代が，恐怖を培養するペトリ皿になってしまう。

遊びは大切

　動物の世界では，遊びと恐怖と活力は，意味をもって織り合わさっている。カメからネズミまでさまざまな種を対象にした研究によれば，動物の生活から遊びが欠落すると幸福感も減退する[11]。人間の場合はさらに，遊

びが欠落あるいは抑制されると，より重大な心理的機能不全につながることがわかっている[12]。そこで遊びが抑制される原因を探ると，恐怖がその主犯として浮かび上がる。

　ある一連の調査のなかで[13]，殺人で収監された人の経歴を調べたところ，二つの際立つ研究結果が得られた。自己抑制できる人のグループとくらべて，殺人を犯した人のグループでは身体的虐待が著しく多く見られた。そして虐待に伴って恐怖が生まれる。しかし，それ以上に驚きだったのは，殺人者群では，際立って子ども時代の遊びが欠落していたのだ。

　この研究を主導したスチュアート・ブラウンはその後，動物行動学者ジェーン・グドールの研究成果を知り，共同研究をするために連絡をとった。ブラウンは，彼女の1976年のレポート『パッションとポム』にひどく興味をそそられた。レポートの内容は，母親チンパンジー（パッション）と娘のチンパンジー（ポム）が，共同して組織的に群れのなかの幼いチンパンジーを殺して食べてしまうというものだった。ジェーン・グドールはブラウンに，パッションとポムは不満足な育児しか受けておらず，また子ども時代の二匹の遊びは非常にゆがんだ遊びだったと説明した[14]。

　これらの興味深い発見について考えるとき，私たちはできるかぎり思い込みや推測を排除しなければならない。遊びの欠落と残忍な殺意の傾向のあいだに単に相関関係があるからといって，両者間になんらかの因果関係があるという証明にはならない。ただ，私たちの研究目的にとって，哺乳類の生活のなかにおける遊びの重要性を考え，さらに，遊びがもっとずっと大きなシンフォニーの一部分となり，そのなかで私たちが恐怖との関係にどうやって折り合いをつけていくかについて考えてみるのは意味のあることだ。

遊びとリスク

　動物の世界では，子どもの遊びは主に荒っぽい戦いごっこの形をとるが，人間にとって戦いごっこはもっと広い遊びの領域の一部に過ぎない。遊びには，発達心理学でいう対象遊び，象徴的もしくは空想遊び，戦いごっこ，そしてルールを伴うゲーム類などがある[15]。戦いごっこと関連のある危険な遊びとは一般的に，危険と感じる距離まで参加者を近づける遊びのこととして認識される。たとえば，まえがきで紹介した，息子と波乗りをしたときの私の経験に類するものである。危険な遊びは，高さを伴う遊び，危ないものの近くでする遊び，そしてスピードを伴う遊びに分類されることが多い[16]。木登りをしていて体重を支えられる一番細い枝まで登る，狭い岩棚の上を歩く，火遊びをする，自転車で坂を猛スピードで走り下りる，自転車のハンドルから手を離すという類いの遊びだ。

　子どもを危険から守り，そのための対策を講じるために，危ない遊びを対象とした研究は重要である。最近では，子どもたちにとって潜在的に危険とみなされるものをどんどん減らしていく方向へと家族やコミュニティを誘導する傾向がある。安全志向を好む大きな原因は，管理が強化されたことだ。自分の子ども時代を振り返ってみればわかるように，管理が強まれば遊びの面白さは減る。だが，野外活動のための用具を改良するとか，接地面を昔の金属やコンクリートからもっと柔らかいクッションのものに入れ替えて衝撃をやわらげるといった方法でも安全度を高めることはできる。

　ミシガン大学のスコット・クックは最近の研究のなかで，危険な遊びをするとき子どもは何をしているかだけでなく，何を感じているかについても調べた[17]。この研究でわかったのは，危険な遊びをするのは，リスク評価が不十分である，注目されたがる，自傷衝動がある，といった理由だけ

でなく，成長期の子どもにとって情動的にも生物学的にも妥当な高揚感が発達するための経験であるといえる。さらにこの見方を支持するものとして，青年期の神経発達に関する研究がある。この研究で，脳の特定領野の発達が危険追求行動によって促進されることがわかった[18]。

　危険な遊びに関する研究から明らかになった一つの要素は，安全と危険とのあいだに高揚感を最高にする境界があるという点だ。私の息子のエピソードから想像できるかもしれないが，彼は振り向いて，これまで乗った波よりもはるかに大きい波がせり上がっているのを見たとき凍りついた。安全と危険のバランスがくずれた瞬間だ。恐怖が彼をとらえ，そして彼は覚悟を決めた。残念ながら，波の激しさに太刀打ちできず，その波を生き延びる唯一の手段は，楽しみながら身を任せることだった。

　恐怖には遊びを抑制する効果がある。しかし，危険な遊び，つまり恐怖の縁で遊べば，進化の派生物としての喜びをもたらす[19]。この奇妙な進化のカクテルがつくられたのは，どうやったらもっと容易に恐怖に対処できるかを私たちが学ぶ手助けとするためか？　恐怖をコントロールできるという感触を与えることで，私たちが遺伝的に受け継いだ恐怖を静めようとする試みなのか？　それとも，それは恐怖からの解放が可能になるときに感じる喜びなのか？

　この結びつきに対するヒントは，私たちの類縁種である動物たちの戦いごっこにある。戦いごっこは，ネズミから子イヌ，人間まで，いろいろな動物に観察される，転がったり，組み合ったり，押さえつけたりする行為だ。初期の研究では，教育のための道具として遊びの価値が強調された。つまり，本当の戦いへの準備として戦いごっこをするというモデルである。今日では，戦いごっこは関係学習の概念を中心に理解される[20]。これらの理論で際立つのは，戦いごっこを通して動物は予見できない「社会的環境」に柔軟に適応することを学ぶという視点だ。つまり，さまざまに変化する

社会的役割を担うための教育である。そして，変化する役割において，ストレスと恐怖は脅威が存在しない状態のなかで管理される。さらに，これらの社会的役割は社会的優位性を軸にして回り，戦いごっこをすることで，少年は服従と支配の両方の立場を担うことを学ぶ[21]。

　この最後の要素こそ，危険な遊びと恐怖との関係を理解するうえでもっとも重要なものだと思う。そこには，服従とのかかわりのなかで相当に重要な意味をもつ何かがあるように思われる。その重要さのゆえに支配と服従の領域のなかの遊び行動は，人間を含む哺乳類のDNA中にしっかり組み込まれた。そして，この先わかってくるが，自分の属する種の誰かに支配されることへの恐怖は非常に大きく，それを避けるために私たちはどんなことでもする。

◆　◆　◆

　ご存知の方も多いと思うが，檻のなかで飼育されている動物は常同行動と呼ばれる行動をするようになる。この行動の特徴は，見た目には何の役目や目的のない繰り返しの動きだ。比較的小さい檻のなかでいったり来たりしている大型のネコ類や，厩舎のなかで木を嚙むウマの行動などが例として挙げられる。動物園の職員はこうした動物の行動を，「劣悪な飼育環境」に動物が置かれていることの一つの指標とするようになった。劣悪な環境には，たとえば著しい飼育放棄，虐待，あるいは不衛生な環境といった状況が考えられる。常同行動の問題は些細な問題ではない。世界では，8500万の動物がこの問題で苦しんでいると推定されている。

　しかし研究から浮かび上がるのは[22]，常同行動が有害な環境でのみ起こるのではなく，もっと通常の環境でも起こるということだ[23]。ただし，後者のグループに属する動物は苦痛とは無縁という意味ではなく，苦痛が必ずしも目に見えないという意味である。また常同行動は，動物が自然にも

っている本能を妨害された結果起こるものだという見解もある。当然，監禁された状態にある動物はすべて，この問題の対象となる。自由でいるという以上に生来の本能を満たすものがあるだろうか？　この考え方は動物福祉においてだけでなく，刑務所内での福祉においても見られる。刑務所の制度における非人間的な扱いと闘っている活動家は，過剰な隔離方針に異を唱えている[24]。こうした多様な状況に共通するのは，自由の欠如，社会的抑制，そして感覚の遮断である。

　恐怖は遊びの能力を私たちから奪うだけでなく，心の自由に制限を加える。そして，私たちはある種の監禁状態に置かれることになる。恐怖を比喩的に表現すると卓越した捕獲者であり，文字通り拘束される状態と同じように，私たちの生命力と幸福に対する影響は破壊的なのだ。

屈従と自由

　「絶対にタップアウトするな」。これは，高校でレスリングを始めた患者の口から出たことばだ。ジェイニーという名前で，私のところへ来たとき彼女は30歳。彼女が語るレスリングでの経験話は私たちの研究にとても意義あるものとなった。

　絶対にタップアウトしないとは，彼女の高校のコーチが要求したもので，タップアウトするは「降参した」というのと同じような意味で使われる。精神的な敗北を認めることであり，あなたを退散に追いやった恐怖の力を認めることである。彼女のコーチはチームのメンバーに絶対に降参しないことを要求し，「これ以上戦えなくなるまで戦え。絶対に押さえ込まれるな」が口癖だった。

　ジェイニーにとってタップアウトしないとは，他人が自分を屈従させる力をもっていた事実を認めるのを無意識に拒否するということを象徴する

ものだった。屈従することに対する彼女の闘いは母親との親子関係で早くから始まっていた。十代になっても母親と離れるのは耐えられないことだった。面接の際彼女は，母親がどんなにすばらしい人で，どんなにいつくしみ深く，思慮に富んでいて，寛大な人であったかを際限なく私に語った。だがジェイニーの母親の愛は，自己愛が強くて息苦しく，無力感，依存，そしてついには屈従を醸成する愛だった。私にはこの力動関係のなかで不健全なものが簡単に見えたが，ジェイニーが自分で認識するには長い時間がかかった。

　屈従は彼女にとって複雑な経験である。これはすべての動物にあてはまるものだが，とくに人にあてはまる。私の見方では，屈従は私たちが動物界の一つの種として，生物学的にも心理学的にも，一番恐れるものの第一候補である。屈従を語るとき，「他者」の存在を想起せずに考えることは不可能だ。私たちは誰かに屈従する，なぜなら誰かが私たちにそれを要求するからだ。屈従は，誰かが私たちに説得力をもって降伏しなさいと要求するときに始まり，それは「愛情」と支配を経験するときにも起こる[25]。

　屈従には，私たちの人間性を圧倒し，生き延びるために闘う単なる動物と化す何かがある。しかし私たちは特別な種類の動物でもある。身体的な束縛という意味だけでなく，心理的な束縛による自由の喪失に対しても敏感な動物であると思われるからだ。

　人が経験する屈従と関連するのが，緊張によって硬直する神経生物学的な反応だ。命にかかわるような極度のストレスと恐怖のもとでは，動物の神経系は文字通り閉鎖してしまう。実験室でこの状態を引き起こすには，怯えた動物を何度もあお向けにひっくり返し，あお向けのまま押さえ込む。最後にはその動物は抵抗することをやめ，ぐったりする。これは神経系の閉鎖だ。トラウマに対するこの注目すべき反応の進化論的価値は考慮に値する。ある角度から見るとそれは死んだふりをして敵をだまそうとする行

動の一種だが，神経系が恐怖によって圧倒され崩壊することから守るための手段の一つともいえる。

　人間の場合にはこれと異なった，これの人間版ともいえるものがある。激しい性的暴行のときに現れるもので，性的暴行による麻痺状態と呼ばれることもある。緊張による硬直と同様に，脅威がもっとも高まったとき，そこから逃げることができない状態のときに現れる反応だ。場合によって，こういった反応が行為の完了を防ぐこともある。たとえば，抵抗や激しい反応がないと強姦犯が興味をなくしたり，最後まで行為を遂げなくなったりする場合である。

　当然のことだが，この種の麻痺状態を経験した性的暴行の犠牲者は，自分に起こったことを恥と感じる。このひどい出来事を止めることができなかったこと，責任感，これほどの侮辱を受けたあとには当然生じる自分が無価値だという感覚，これらのすべてが恥の基盤となる。この神経生物学的方略に付随する恥の思いが，性的暴行の犠牲者が名乗り出て事件の話をしたがらない理由として引き合いに出される。自由の喪失，虐待を止めることができなかったために感じる無力感，個人の主権を犯されたという経験，これらがすべて一緒になって犠牲者に，自分は人間以下だと思わせる。

　私たちの生存は，高次脳皮質から遠く離れたところにある神経生物学的システムのなかで操られている。生き残りがかかっているとき，私たち生物は生きながらえるために喜んで尊厳や幸福を犠牲にする。恐怖と生存への生物的切望はともに，屈従への抵抗と最終的な忍従を増進する。私たちは屈従の要求に直面すると，傷つけられたり，拘束されたり，監禁されたりすることに精一杯抵抗する。その一方で，他方では恐怖に圧倒され，逃避にも抵抗にも失敗したとき，私たちの神経系は一種の神経生物学的な活動停止の道を選択する。いい換えれば，私たちの生存本能は，支配されることに肉体的にも心理的にも抵抗する。身体的屈従および心理的屈従と闘

うことが私たちの存在そのものを脅かし始めると，生物として屈従以外に選択肢はなくなる。

　心理的に有害な環境に暮らす子どもにとって逃避という選択肢はない。親に対する子どもの無条件で絶対的な依存は，どんなに苦痛を伴うとしても，子どもに親と肯定的な関係を保つように要求する。もし屈従が要求されれば，ほかに道はない。屈従に抵抗しようとする意思は，恐怖の圧力と，親とつながっていないといけないという要求にやがて屈服する。これが，私たちの精神が生命から私たちを引き離し始める瞬間だ。

　私の患者エイプリルは，カメのように頭を殻のなかへ引っ込め，危険から遠ざかろうとした。彼女が父親に見せた屈従は形だけのもので，そこに彼女のなかの真実は何も含まれていなかった。これは防衛手段としてうまく機能した。問題は，このような防衛手段が慢性的にとられると，そこから抜け出せなくなる。エイプリルは刷り込まれた恐怖から逃れられず，それが彼女を遠く離れたところに押しやった。カメのように外界の脅威に敏感に反応できる関係ではなく，エイプリルは頭を殻からもう一度突き出す能力を失ってしまった。恐怖は確かに彼女を安全な場所にかくまう方法を見つけた。だが，あの日私のところへ来た女性は空疎で抑鬱にさいなまれた女性だった。

　エイプリルは，自分が何者かを他人に見せることができず，深いつながりを手に入れる道はなかった。彼女は一人で苦しんだ。そればかりか，エイプリルには自分自身の欲求を意識することもなかった。誰かとつながること，誰かに親しみを感じることを切望していることさえ彼女の意識のなかになかったのだ。彼女が隠した自分自身は安全なところにあった。しかし，とてつもなく一人きりだった。そして，私たちが彼女の内なる世界とつながり始めると，そこには豊かな感情，自己表現，そして脆弱さが，幼児期から経験した苦痛の場所と混ざり合って存在していた。

　彼女の心のなかには，彼女が何年ものあいだ無意識に守ってきた今にも壊れそうな創造性があった。そして，拘束から自分を守るために自分自身を隠してきたのに，彼女の恐怖そのものが新しい拘束場所になってしまった。彼女が私と一緒に発見したように，自由は苦痛を避けることでは手に入らない。苦痛を受け入れることで手に入れるものなのだ。

2

安全警報システム

「恐ろしいと感じることなく
恐怖の状態でいられますか?」

ラルフ・アドルフス（心理学，神経科学教授）

　ある日，サラ（仮名）という女性が，ときどき気を失うというのでロサンゼルスの病院を訪れた。すると，南カリフォルニア大学の神経科学者・アントニオ・ダマシオが面接するうちにとても奇妙なことがわかった。この女性は恐怖を感じないのだ。「実は生まれてこの方，一度も怖いと思ったことはないんです」と彼女は言った[26]。ダマシオも同僚の医師も，どこから見てもこの女性には恐怖の感情がないと認めざるを得なかった。

　結局，この女性はウルバッハ・ビーテ病というめずらしい病気にかかっているのがわかった。この病気には，三つの主要な症状が現れる。目の縁の小さいニキビ状のぶつぶつ，しわがれ声，そしてもっとも重大なのは，脳の一部，とくに扁桃体の付近に石灰化が起こるというものだ。さらにこの女性の症例が極めてめずらしかったのは，この病気で発症する石灰化が左右両側の扁桃体を完全に消滅させていた点である。つまり，ダマシオの目の前には扁桃体をもたない女性が座っていたのだ。

扁桃体はアーモンドとほぼ同じ大きさで，脳の左右両側に位置する。扁桃体の機能については神経科学者の間で議論になっているが，恐怖の経験において中心的な役割をもつことが多くの研究でわかっている[27]。この女性の場合，扁桃体の欠落というまさにその事実が，恐怖における扁桃体の役割を目の当たりにする稀な機会をダマシオに提供したが，それは同時に，私たちが恐怖を感じることなく生活するとはどのようなものかを垣間見ることのできる非常にめずらしい症例でもある。

　サラは，純真で人を信じやすい性格の持ち主で，そのためにトラブルに巻き込まれることも少なくなかった。研究者が彼女をめずらしい動物のいるペットショップへ連れていくと，ためらいもなく蛇や蜘蛛に引き寄せられ，手にとろうとし，そればかりか蛇の舌に触った。恐怖の感情の欠如はめずらしいペットと遊ぶのにはよいが，彼女の生活の質に大きな影響を及ぼした。

　何年も前の夜，サラは，犯罪者が集まることで知られる近所の暗い原っぱを歩いていて襲われた。ところがその翌日，彼女は何事もなかったかのようにその原っぱを歩いて通ったのだ。彼女にはまた，見た目からして危ないとわかる会ったこともない人と関わり合いをもつ性癖もあった。あるとき，誰もいない夜の公園でナイフを突きつけられたが，そのときも彼女は相手を安全な人だと疑わなかった。彼女は過去に自分のからだを傷つけた男たちをそのあとも信用し続け，再びこの男たちとのトラブルに巻き込まれそうになっても，なんの危うさも感じなかった。

　たしかにサラは恐怖を感じなかった。けれどもこれは，私たちが自身を束縛する恐怖の影響から，解放されたいと願って求めているものとは異なる。彼女はなんのためらいもなく命を危険にさらす状況へ足を踏み入れる事実一つをとっても，恐怖を感じなければ生き残るのは難しいとわかる。好き嫌いに関係なく，怖いと感じることが一番賢明な場合もあるのだ。

　だが，恐怖が私たちに味方するか敵に回るかを決めるものはなんだろう？　恐怖の価値を決めるうえで，私たち人間が要求するものは異なっているのだろうか？　恐怖に，よいもの悪いものがあるのだろうか？　そして一番知りたいのは，この防衛感情に対して抱く私たちの不信感は的外れなのだろうか？

　こうした疑問に答えを見つける手始めに，サラが参加に同意してくれた研究をもう少し詳しく見てみたい[28]。この時点までに，彼女は幽霊屋敷に連れていかれ，ホラー映画を見せられ，危険な動物と一緒にされたが，彼女の恐怖にスイッチが入ることはまったくなかった。しかし，今度はこれまでと少し違い，彼女が呼吸している実験室のなかの空気の酸素と二酸化炭素の割合を少しずつ変えていく，35パーセントCO_2吸入誘発試験という実験をおこなった。開始数分後，彼女に異変が起こった。これまで感じたことのなかった恐怖を感じ始めたのだ。

　この実に興味深い実験からわかるのは，恐怖を感じる能力が欠如している結果として，彼女から恐怖が欠如しているのではなく，彼女に恐怖を感じるように「命令する」ものがないから恐怖を感じないということである。CO_2吸入誘発実験では，何かが彼女にその命令を下したのだ。

　このCO_2吸入誘発実験はパニックの研究によく使われる。確実に強いパニックや恐怖の反応を引き出すからだ。これ以前にサラが参加した実験との違いは，この実験では危険が外部的なもの（危険が外部から迫ってくるもの）ではなく，内部的なもの（自身の身体内で起きるもの）だったことである。そして，危険を知らせるこの内部的な信号は，扁桃体をもたない彼女のなかでもうまく働いた。

　この実験以前では彼女の感覚器官，とくに視覚と聴覚に焦点を当てたが，このCO_2吸入誘発実験はもっと直接的，内部的，身体的な危険感知を引き出すものだった。内部的な生理学的調節システムのモニタリングを「内受

容」と呼ぶ。見る限りでは，この生理学的な神経装置は彼女のなかでうまく機能しており，恐怖を実際に引き起こす「神経モジュール」もきちんと機能していた。彼女のケースから見えてきたのは，「恐怖への反応」と「感覚情報を読みとって脅威を監視する神経装置」とを区別すべきだという点である。後者は扁桃体に依存している。

　当初の実験では，潜在的脅威に係わる感覚情報が，彼女の感覚器官から発して対応する大脳皮質野を通って伝わり，さらにそこから扁桃体を通って中脳，運動皮質へと伝わり，そこで嫌悪行動が起こされる。感覚データがこの神経経路を通ることによって危険を評価して適切な行動, すなわち，脅威がまだ遠いときは硬直する，脅威が迫ったときは走って逃げる，脅威が襲いかかってきたときは戦うという行動が引き起こされる。ところが，CO_2吸入誘発実験では，潜在的脅威にかかわるデータは感覚器官に入って高次の皮質領域で処理されることがない。代わりに，この内受容データは，中脳の運動パニック反応を直接引き起こす一種のホットラインの役割を果たしている。

　これは驚くべき教訓である。扁桃体は恐怖の条件づけと驚異の感知に極めて重要だが，恐怖の感情の究極的な源泉ではない。心理学者のジョゼフ・ルドゥーは恐怖を経験するうえでの扁桃体の役割を擁護したが[29]，神経科学者のヤーク・パンクセップやルーシー・ビーベンスなどの研究者によれば[30]，ルドゥーは恐怖の経験における中脳の役割を充分に評価しなかった。このより深いところにある恐怖の源泉は，CO_2吸入誘発実験だけでなく，患者を覚醒させて行う脳の手術, 覚醒下脳外科手術でも裏づけられている。覚醒下脳外科手術で外科医が中脳に電気刺激を与えると，手術患者は恐怖の生理的，認知的体験をする。

　これには二重の意味がある。第一に，私たちにとって，恐怖の活性化が脳のより深部で起こるという事実によって，恐怖がなぜこれほどまでに厄

介な問題なのかをある程度説明できることだ。恐怖を生み出す脳領域への神経アクセスは文字通り限られている。脳の深部にある恐怖中枢は，私たちが「ヒト」に進化するずっと以前から，すでに稼働していた。第3章，第4章でさらに探究するが，意識の分野は比較的新しく加わった分野で，これまでのところ，恐怖の影響をコントロールする方法を発見するには至っていない。

　サラを対象にした最新の研究から学ぶ二つめは，恐怖の感情だけが人の安心レシピの材料ではないという点である。

恐怖を感じるだけで充分か

　詩の一節や小説のくだりを覚えている人がよくいるが，私にそんな特技はない。ただ，マーティン・エイミスの小説 "*The Information*"（1995年，邦題：情報）のなかの数行を忘れられない。その小説で，語り手は主人公のリチャードが朝ベッドから起き上がるところを描写する。読んでいる人にもじきにわかることだが，リチャードは情緒的な問題を抱えている。

　語り手は続けて朝のリチャードの様子を描写する。「リチャードはいつも通り6時に起床。アラーム時計は必要ない。彼の頭のなかではすでにしっかりアラームが鳴っていた[31]」。

　どういうわけか，数日前の朝この数行が頭によみがえった。私の頭は何か特別なことに思いをめぐらせているのか？　何か私に思い当たることがあるのか，それとも単純に小説の一節か？　この数行を初めて目にしたとき，まるでよくできたクロスワードパズルのヒントのような洒脱さに，思わずくすりと笑ったのを覚えている。だが，この数行には洒脱さ以上の何かがあるような気がした。恐れることとの関連で，警報が鳴ることに何か重要な意味がありそうだ。

恐れるということは，単に恐怖の感情が生じるだけではない。何ができるかとなると，恐怖は大きなレパートリーをもっている。私たちが注意を集中できるのも，動かずじっとしていられるのも，死に物狂いで逃げるのも，命がけで戦うのも，あるいは世間から少し身を引くのもすべて恐怖に原因がある。これらの防衛的反応は「行動傾向」と呼ばれ，一つひとつの感情には行動傾向がそれぞれ独特に混じりあっている[32]。だが，まずわきまえておきたいのは，防衛行動を含めて恐怖と呼ばれる感情を活性化する機能は，私たちにとって危険なものを感知し解釈するシステムの機能以上のものにはなり得ないということだ。

　動物のセキュリティシステムは，簡単にいうと，脅威を感知し防衛行動を始動する能力を中心に築かれている。動物界の種は危険を感知しそれに反応するため，それぞれ特有の能力を進化させてきたと同時に，もって生まれた恐怖は警報システムに，危険になり得そうなものをあらかじめ組み込んである。このよい例はタコの一種，ウデナガカクレダコに見られる。驚かれるかもしれないが，オスには一本，ほかの腕よりも著しく長い腕がある。実はこの長い腕は，メスのなかに挿入されて精子を送りこむペニスの役割をする。オスにとっては少々迷惑だが，メスのタコには，精子を受けたあと相手のオスを絞め殺して食べてしまう性質がある。一方，オスは長い腕を使うことで，メスの愛の抱擁から逃れるためのわずかなチャンスをつくる。

　明らかに，この共食いという適応戦略は，全体としての種の保存にとっては，うまくいくことが証明されている。ちょっと矛盾しているようだが，オスがメスと距離を保てるように長い腕をもつようになったのも適応の結果であり，タコの生殖機能とエコシステムのなかのバランスとを向上させている。なぜなら，共食いは受精したメスダコに追加で栄養を与えられる利点があるものの，受精のたびにすべてのオスダコが食べられてしまった

ら，種の生き残りはおぼつかないだろう。オスは生まれたときから，交尾のあいだにメスには警戒するという知恵を備えている。長い腕と生来の警戒心を一緒に使えば，メスを出し抜くのには充分のようだ。

もって生まれた恐怖と生理学的適応は，動物の内部で長い年月をかけて進化によって獲得される。これらの恐怖は，動物の安全を維持するうえで多分最も重要な要素だろう。生まれながらに恐怖を感じるのは予想される危険に対応するもので，経験を通して学習することの曖昧さへの依存を減らす。何が危険かを知って生まれてくる方が，あとから試行して学んだり，アドバイスを待っていたりするよりもずっと安心だ。

種に特有の脅威感知機能はネズミにも見られる。私たちは当然のように，ネズミはネコが怖いと思っているが，実際にラットやマウスといったネズミが生来的に怖いと思うのは，ネコの匂いなのだ。ネコをまだ見たことのない幼いネズミに，視覚的にネコを提示しても恐怖の反応を見せない。ところが，同じ幼いネズミの檻のなかに，ネコの匂いがしみ込んだ布切れを入れると，生来の恐怖反応を起こして匂いから逃れようとする[33]。

奇妙な反応の仕方だと思われるかもしれないが，この適応は実に理にかなっている。ネズミは生まれもってネコの匂いを恐れるから，ネコが最近通った場所に入ったり，とどまったりしない。ネコの縄張りを避けられれば，ネコの姿に恐れを抱くよりもさらに生存の可能性が増す。というのも，ネコは逃げ惑う小さなネズミが大好きだから，はち合わせたが最後，ネズミはそれでおしまいだ。ネコとネズミのあいだでは，安全の実地練習をする余地などない。

これまで述べてきたように，ほとんどの哺乳類にとっての安全は，脅威を感知し防衛的な行動を始動する，神経系と行動とにおける複雑な経験を通して維持されている[34]。安全を維持するプロセスの第一歩は，危険の感知である。情報が継続的に脳に送られ，脅威となるものが感知されると恐

怖心が起動する。この手順は，家庭や職場における警報システムと同じ手順である。普段，私たちが警報システムの存在に気づくのは警報が鳴ったときだ。だが鳴り響く警報の裏には，警報を鳴らすに値する特定の変化が起こってはいないか周囲を監視するシステムの存在がある。どんな警報システムでも，監視システムの精度と正確さがなければ役には立たない。火災報知器に例をとれば，火災の状況を正確に把握でき，適切に火災警報を作動させるだけの感度を備えたシステムでなければ安心できない。

　人のセキュリティシステムの場合は，脅威の種類を区別する能力をもっており，感知した驚異の種類に応じた反応を始動できる。たとえば，あなたの子どもが道路に飛び出しそうなときと，よく知らない夜道を歩いているときとでは，恐怖に対するあなたの反応は異なるだろう。同じ恐怖の感情が，異なる警報反応を引き出す能力をもっている[35]。安全維持のための主要な手段の一つである，その場ですくんでしまう恐怖反応をとってみても，状況によって微妙な違いがある。注意を伴う「すくみ反応」は，遠くの脅威に対してかみそりのように鋭い焦点を要求する一方，物陰に隠れて周囲をうかがう「すくみ反応」は神経系を静め，再び逃走する準備をさせる。これに，前の章で見た疑死という屈従反応を加えてもよいかもしれない。無意識のまま脳が生存のために全神経系の活動を停止させる反応だ。

◆　◆　◆

　これまで学んできたことはいったい何を意味するのだろうか？　まず，人のセキュリティシステムに対する私たちの理解をさらに広げる必要がある。恐怖の感情は防衛行動のきっかけとなる警報に過ぎず，警報を起動させるものが必要だ。ほぼすべての状況下で，私たちの知覚システムが恐怖を感じるかどうかの閾（境界値）を定める。そしてサラの症例で見たように，脳内の恐怖中枢につながる機能的経路がなければ，恐怖の感情は活性

化されないだろうが，実は活性化できないことが最大の問題ではないのだ。

　竜巻から逃れようと懸命に走ったり，野球のバットで脅かされたときに必死に逃げたりするロジックに反論する人はいないだろう。こんな危険の信号に恐怖を起動することは非常に適切であり，価値あるものだ。しかし，明らかに危険な状況下で起動された恐怖と，私たちの理性が比較的安全だとみなした状況下で起動された恐怖に大きな違いは見られない。飲み屋でぶしつけな酔っ払いとけんかにならないように押しとどめてくれるのも恐怖反応であり，自分にぴったりの仕事なのに，応募することをためらわせるのも恐怖反応だ。この二つの恐怖は質的にも量的にも異なるものだが，感情自体は根本的に同じものだ。いずれの状況でも，何か私たちが知覚したものが私たちの過去の経験との関連で処理されている。信号が脳内の恐怖中枢に送られると，さまざまな恐怖反応のうちの一つが引き起こされるが，それは漠然と不安を感じたからかもしれないし，危険から逃げようとする積極的な行為かもしれない。

　それなら，無害な状況や，さらには有益な状況さえも恐怖反応を引き起こすのはなぜなのか？　脅威を評価するのに，これほど信頼できないシステムをつくった脳や心のなかでいったい何が起こっているのか？　私たちの安全にかかわることなのだから，もっと合理的で信頼できるものであるべきではないか？

　この実に興味深い疑問に対する答えを見つければ，人のセキュリティシステムの特性を理解する手助けとなる。だがこれから見ていくように，それはまた，人間性の根幹についてさらに深い疑問へと私たちを導く。

【注記】

ここから先について，脅威の知覚，感情，認識，回避行動の包括的なセキュリティシステムを指す場合は太字で**恐怖**と表記し，単に感情を表す場合は通常の字体の恐怖と表記する

3

恐怖と想像が最初に出合うとき

「恐怖心とはアドレナリンによる興奮状態ではない。
暗闇にたった一人
とり残されたような心細さと無力感だ」

トラビス・ファーズ （テクニカルライター）

　ある日，エラという名前の女性が訪ねてきて，最近受けたレントゲン検査で何か疑わしいものが見つかったと言った。もともとレントゲン検査を受けたのは，背中の下の方で感じる奇妙な痛みの原因を知るためだったが，エラは検査結果に明らかに動揺し，心配していた。彼女の祖父は肺癌で亡くなり，彼女自身も長年喫煙者だった。タバコはもうやめていたが，癌の恐怖は見た目にも明らかだった。

　エラに会った途端に心配になった。彼女のことがとても気になり，話を聞くにつれて，やはり彼女は癌ではないかと思い始めた。私と一緒に苦痛と絶望に向き合おうとしている彼女のぼんやりしたイメージが浮かんできて，これから起こるかもしれない恐ろしい場面のひとコマが目の前に浮かんだ。彼女はどう感じているのだろう？　どんな人生の最終章になるのだろう？　彼女のこれまでの人生は苦しみの連続で，やっと平穏を手に入れ始めたところだったのだ。

エラが自分の経験を語るにつれて，私には彼女がどれほど怖がっている
かわかった。同時に，私と同じように彼女の空想もフル回転しているのが
わかった。疲労，ときどき起こるめまい，昨夜眠れなかったこと，食欲が
ないこと，おなかに触れたときに感じる痛み，首の凝り，息切れなど，小
さな徴候から何かからだに感じるものまですべてが，自分がこれから向き
合う癌の症状かもしれないと想像を巡らしながら語り始めた。癌だと結論
づける証拠は何もないのに，「そうかもしれない……喫煙者だったし……
癌かもしれない」と繰り返し言い続けた。たしかにエラの言う通り，癌か
もしれない。

◆　◆　◆

　エラを支配している現象について，最初にことばにしたのはアリストテ
レスだろう。彼は，「ならば恐怖とは，破壊的あるいは苦痛を伴う危険が
差し迫っていると想像することにより生じる，一種の苦痛もしくは心の動
揺であるとせよ」ということばを残している[36]。アリストテレスが提示し
た**恐怖**と想像の関係は，私たちが知覚について第2章で提起した疑問の根
幹に迫る。**恐怖**とは，なんらかの方法で活性化する必要のある感情の警報
であることがわかったが，ほとんどの場合，危険を知らせるのは知覚的手
がかりである。ところが，ここで別の疑問が生じる。空想は恐怖を引き起
こす引きがねとなり得るのか？　もしそうなら，エラの事例で見たように，
私たちの感じる恐怖が果たして現実のものなのかどうかを確実に知ること
は可能なのか？

　もちろん，恐ろしいと感じているのは現実だが，その恐怖は現実か？　私
たちはお互いどんなに似ていようとも，何が怖いのかという評価基準は一
人ひとり特有のものである。私が怖いと思うものは，あなたも怖いかもし
れないし，そうではないかもしれない。誰の感じ方がより正確で，より価

値があるのかを問題にしているのではなく，私たち個々人の恐怖は主観的に異なるものだと言いたいのだ。私たちに共通する恐怖も数多くあるが，こうした恐怖「経験」は，私たち一人ひとりに固有のもの，すなわちアリストテレスの言う「想像」で満たされているように思える。そうであれば，脅威を評価するとは，客観的現実の内面化ではなく，知覚による経験と個人的な想像で色づけたものとの合成物である。

押し入れのなかの妖怪ブギーマン

　乳幼児や児童は，恐怖においても比較的予想通りの成長段階を経ていくようだ。しかもこの段階は文化による違いを超えて共通していることを示す研究もある[37]。すると，生まれたときから備わっている生得的恐怖は，私たちの進化にとって有益なものだったのでないかと推測できる。これ自体興味深いのだが，それよりさらに興味深いのは，この生まれもった，異文化間共通の恐怖が今なお私たちにかかわりをもっているという点だ。

　乳幼児期から児童期にかけて恐怖の感情が自然と表に出てくる過程がわかったのは1897年のことだ。子どもの発達に関する研究のパイオニアの一人，クラーク大学初代学長のG・スタンレー・ホールが行った，子どもが感じる恐怖についての最初の体系的研究によるものだった[38]。その研究で彼が見たものは，現在私たちが目にしているものに酷似している。生まれておよそ8カ月ごろから2歳か3歳になるまで，幼児は見知らぬ人，とくに男性を怖がる。その子が地域社会のなかで育ったか，あるいは家族単位で個別に母親のもとで育てられたかによって怖がることに違いは見られなかった。

　発達の途中で現れる次の不安としては，分離 (親から離れること) への恐怖がある。当たり前だが，この恐怖は幼児が親のそばから少し離れたとこ

ろで周囲を探検し始めるころから起こり，2歳から3歳になるまで続く。この種の恐怖が一番現れるのは夜寝るときだが，昼間，遊び場で幼児が親のそばを離れてだんだん遠くまで行動範囲を広げていくときにも現れる。ある距離まで来ると，幼児は振り返って親がちゃんと視界のなかにいること，つまり一番気になる，親が自分を置き去りにしていないかを確認する。

　子どもが必ず通過する三番目の生まれもった恐怖とは，怪物であり悪魔に対してのものだ。私の患者で、ブギーマン*を怖がった記憶のある人のなんと多いことか。ブギーマンがベッドの下にいたという人もいれば、押し入れのなかにいたという人もいる。恐怖の発達段階における，この三番目の恐怖について注目したい点は，はじめの二つの段階での恐怖とは異なり，恐怖の対象が空想のなかで呼び出されたものという点だ。これは，もっと洗練された認知能力の始まりと相互関係にあると思われる。

　これらの恐怖の生得性から，進化の過程を通してどのような脅威が存在していたのかについて重要なことがわかる。自分たちでは何もできないという無力さこそが，乳幼児や児童に保護者のそばにいることを要求し，また，家族というもっとも身近な枠の外にいる他人が脅威をもたらしていると幼児が感じていたことも明らかだ。年齢が上がるにつれて最後には，まだ見たことのない人さらいを怖がるようになった。人さらいにせよ怪物にせよ，子どもたちにはちゃんと存在しているとわかっていた。押し入れのなかに，あるいはベッドの下に。目には見えなくても子どもにしてみれば，こんな怪物が存在するかもしれないと心のなかで用心するに越したことはなかったのだ。

　こうした児童期の恐怖は青年期に達するころには収まるようだが，私たちが大人になってからもずっと残る恐怖が一つある。少なくとも比喩的な意味で。

夜の闇のなかで

　動物の種として私たちがかつてどれほど怖がりだったか今では想像もできない。眠れないまま，目を閉じることもためらい，闇のなかを見つめて幾晩を過ごしてきたことだろうか。じっと待ち，じっと見つめながら，まるで近代画家が描くような黒い影，それにかぶさるようにさらに別の影がおおう闇のなかに姿や形を認めようと無駄な努力をする。そして，もし本当に暗闇から何かが跳び出してくるのを見たら,それはネコ科の肉食獣か。だがそうなれば，ときすでに遅し……。暗闇には命に係わる危険が潜んでおり，私たちはそのトラウマの記憶をDNAから追い出す方法を見つけるに至ってはいないようだ。

　暗闇に対する私たちの恐怖について進化上の根拠を考えるとき，「ヒト」は近所で一番腕っぷしの強いガキ大将ではなかったという点にまず注目しなければならない。私たちがこの地球の支配者として君臨してきたのは，肉食動物を始めとする命を脅かす種に対して，身体的に自衛できる能力をもっていることを証明しているのではなく，むしろ適応する能力とほかを出し抜く能力をもっていたからだ[39]。

　ライオンなど大型の捕食動物は，常にヒト科の動物の近くに生息してきた[40]。最近の研究によると，ネコ科の捕食動物は日没後，月明かりの弱い月齢時に攻撃する傾向がある。また，ライオンは一時期，世界でもっとも広範囲に生息していた哺乳類動物だという人もいる。私たちが暗闇を危険だとみなす理由として，夜行性捕食動物からの脅威が上位を占めるのは明白だ。

　さらに，今から35万年ないし50万年前に人間は火を使うことを学んだ

＊子どもたちが感じる恐怖を実体化した想像上の怪物。地域によって姿や性質は異なる。

が，それは暗闇のなかで脆弱な私たちを守る助けにはならなかった。確かに火は私たちに暖をもたらしたし，動物を追い払うのに多少は役立った。また未知なる暗闇のなかの確たる場所を定めるのにも役立ったが，もっと大きな目で見たとき，実際私たちに何をしてくれただろうか？　火は黒く広がる海のなかの小さなオレンジ色の点に過ぎない。悲しいかな，灯りは闇に対する解決にはなり得ず，ただ闇を際立たせるだけだ。そしてもっと怖いのは，このオレンジ色の点が，獲物を探して嗅ぎまわっている凶悪な動物へ私たちの居場所を知らせるビーコン（位置情報を知らせる光る目印）となることだ。

　暗闇は，その闇ゆえになかを見ることができないという厄介な問題をはらんでいる。見えなければ人は数知れない危険にさらされる。目隠しをして道を歩こうとしたことがある人なら，私の言いたいことがおわかりになるだろう。暗闇のなかでは，何か鋭い角をもったものにぶつかったり，崖から足を踏みはずしたり，でこぼこ道で足首をくじいたりと，いろいろなものが私たちを待ち構えている。周りに恐ろしい捕食動物がいなくても，暗闇では用心したほうがよい。

　たぶん私たちは誰でも，よく知らない町の暗い通りを歩いているとき，高まる警戒心にからだが反応するのを感じた経験をもっていると思う。こんな状況で，もし背後に足音でも聞こえたらパニックを起こすかもしれない。少なくとも，ちょっとしたアドレナリンの高まりを覚えるだろう。

　私たちが危険を判断するときの暗闇の影響は，私たちの**恐怖**を理解する上で大きな重要性を秘めている。この点に関して，ブリティッシュコロンビア大学の心理学者マーク・シャラーは広範囲にわたる研究を行った[41]。実験のなかで実験参加者は人物写真を見せられ，写真の人物から想起する危険を評定するように指示された。また実験変数として，シャラーと共同研究者のスティーブン・ニューバーグは，実験参加者が写真の評定をしてい

るあいだ，部屋の照明を実験的に操作してみた。すると，ほかの変数を統制しながら操作したとき，周囲が暗い実験条件のもとで危険の知覚が統計的に有意に増大するのがわかった。

　暗闇では，潜在する脅威を予測しようとするため，より強い恐怖を覚える。だが，この脅威は現実のものか？　この疑問にもっとも明瞭な焦点が当たったのはトニーという患者を面接したときだ。ある朝，トニーがかなりのストレスを抱えて私のところへ来た。それまでの面接で，彼はコントロールしたいという自分の欲求，自分のために自分で立てた数多くの計画や大事に思っている計画を，いかに管理しようとしているかについて私に語って聞かせた。「トニーは自分がコントロールしているという感覚が本当に好きなんだな」と思いながら聞いていると，私はいつの間にか空想の世界へ入っていたらしく，突然，「部屋の照明を変えてほしい」と言うトニーの声にぎょっとした。もっと正確に言うと，「ブラインドを開けて部屋をもっと明るくしてほしい」と私に頼んできた。「もちろんです」と応じつつ，「でも明かりについて何を感じるか話してみるのもよいことかもしれないですよ」と言った。私がブラインドを開けると，彼は光と闇について話し始め，とうとう彼の眠りにつく方法について語ってくれた。ほかの多くの人と同じで，トニーはテレビの音を聞きながら眠りにつくことを好んだが，同時に全部の灯りをつけっぱなしで眠った。言うまでもなく，奥さんにはおいそれと承諾できる話ではない。そこでトニーは居間で，奥さんは寝室で別々に寝ていた。暗闇が怖いとかなんとか私が言い始めると，彼はとたんに私をさえぎって，「暗闇が怖いわけじゃありません。私が怖いのは暗闇にいるとき〈私の心のなかで起こるもの〉なのです」と言った。

　暗闇と心についてのトニーの観察は私の思考に火をつけ，ついにはそれがこの本の基礎をなすことになった。暗闇のなかにいると，私たちの心に何かが起こるのは間違いないと思う。その何かを，正当な理由のある不安

と呼ぶか，被害妄想的な空想の産物と呼ぶかはともかく，暗闇は，私たちが合理的に脅威を判断する枠の外に次々と去来し活動する恐怖の幻想を呼び起こす。

暗闇のなかの知覚

　暗闇の話をするときまず必要なのは，暗闇はリスクかどうかの判断を難しくする自然界の状態であると認めることである。見たところ，私たちが生来暗闇を恐れるのは，私たちの暗闇の経験が一因になっているようだ。暗闇への恐怖を私たちのDNAのなかにこれほど深く刻み込むのに，いったい何千世代におよぶ学習を必要としただろうか？　暗闇への恐怖が私たちの生き残りに寄与したのは疑いないが，同時に不確実さに直面したとき過剰反応を起こしやすくしたのも事実だ。いじめ，集団暴力，部族間抗争はすべて，脅威を感じ「危険に対する脆弱性を認識する」ことに著しく起因するとの主張を支持する声も十分にある[42]。もし避けて通れない側面が暗闇にあるとすれば，それは本来，暗闇が「目に見えないこと」，「予測できないこと」と関係しているという点である。

　この脆弱性をたどっていくと，人間を人間にするものの多くは暗闇のなかに始まった，という認識にいきつく。私が言っているのは暗闇に対する恐怖だけではなく，恐怖が私たちに与えたひらめきのことだ。人と暗闇の関係を解き明かそうとするうちに，私たちは脳の限界を広げていき，ある日，たぶん5万年前ごろに，小さく光る何かを見つけた。私たちは今，その何かを「心」と呼ぶ[43]。

　第2章で見たように，危険は感知してはじめて対応できるが，これが暗闇の場合は問題のもとになる。視界のすぐ外に危険が迫っているかもしれないのに，危険が近いということにさえ気がつかないかもしれないからだ。

動物界の多くの種は実に簡単にこの問題を解決した。答えは匂いだ。夜行性の捕食動物も，その犠牲となる動物も高度に発達した嗅覚をもっており，夜の闇を貫き通す。だが我々「ヒト」は，どうやら進化の過程で嗅覚以外の突然変異に頼ることになったようだ。たとえば，私たちは長い距離を歩く必要があったので，そのために二本の足で歩くという画期的な能力を身につけた。概していえば二足歩行へ移行することで直立姿勢をとれるようになったが，この進化過程には複数のシステムが寄与したようだ[44]。匂うよりも見ることへの依存度を高めた結果，私たちの鼻は後退し始め，眼の位置が顔の中央にくるようになった。これに伴い，私たちは立体視や色覚の能力を獲得し，脚が伸び，骨盤が縮小した。これらの変異が重なり合って，今日，私たちが人間であると認識する存在へと劇的に変化した[45]。しかし，これらの変異は同時に，私たちを暗闇との新しい関係，新しい視覚の形態を必要とする関係へと導いた。

　人間の視覚のなかでもっとも興味深い要素の一つに「盲視」と呼ばれるものがある。ブリティッシュコロンビア大学の心理学者ゴードン・ビンステッドは盲視について深い研究を行い，盲視を「第二の視覚」と呼んだ。ある種の視覚情報を眼から中脳へ直接伝達する二次的な視神経に関係するもので，脳の一部を構成する中脳は，即座にかつ意識を通さずに防衛的運動反応，たとえば「ぱっと身をかわす」などの反応を活性化することがわかっている[46]。

　ビンステッドの実験では，皮質盲の実験参加者，つまり網膜は機能しているが，脳の後方にある視覚中枢が機能していない実験参加者は，第一次視覚が欠如しているにもかかわらず，周辺の物体を感知できた。これは，中脳が意識的な自覚なしに潜在的な脅威に防衛反応を起こせたことを意味している。

　かつて盲視は，皮質による視力を失ったあとに起こる二次的な神経の発

達だと考えられていたが，現在では，レベルの違いはあっても私たちすべてがもっているものと理解されている。もし，二次的視覚による防衛システムの進化についてビンステッドの直感が正しければ，目に見えず実体のない危険，つまり暗闇という難題の解決へ向けた一歩として発達した防衛システムだということになる。

　解決を必要としたもう一つの目に見えない脅威は，感染症に加えて，腐敗して悪臭を放っているもの，有毒なもの，腐りかけたものによる中毒の分野である。私たちは進化の過程において，これらの見えない敵を「見る」ために，嫌悪する感情を発達させることになんとか成功した[47]。盲視に似て，嫌悪は見えない脅威を見つけ出し，私たちを危険から遠ざけるための運動行為を活性化する機能をもっている。

　腐敗して悪臭を放つもの，毒性のある物質や毒になるものを回避することが私たちの生存に不可欠なのは想像に難くない。匂いや見た目でどのようなものが危険な種類なのか学習しなければならなかったことを考えると，このような形で現れる危険に特定して対処するための感情モジュールを発達させた事実は注目に値する。私たちは実際の危険，つまり病原菌や微生物を「見ている」わけではなく，危険な病原菌や微生物が存在している可能性を示しているものを見，嗅いでいるのだ。これは見事だというほかない。眼に見えない危険という問題は，人間の脅威感知システムの進化に対して著しい影響を及ぼしたことがわかってきた。だがそれ以上に，見えざるもの，知り得ざるものは，私たちの心の本質そのものを形づくってきたように思える。

想像力の進化

　1987年，ラトガーズ大学の著名な心理学教授，アラン・レスリーは，見

立て遊びの進化上の必要性について一つの重要な疑問を提起した。「現実の論理的評価」に大きく依存している人間が，どうして子ども時代に見立て遊びの能力を発達させるためにこれほど長い時間を費やすのか不思議に思ったのだ[48]。

　見立て遊びの意味についての疑問に答えるなかでレスリーは，ふりをする行為において微妙な認識の転換が起こる様子を見事にこう表現した。彼はこの転換を「デカップリング（遮断や分離の意）」と呼ぶが，これは一次表象を解放しながらメタ表象との結びつきを維持するプロセスを意味する。一つの例として，手にもったバナナを耳のそばへもっていき，これは旧式の電話の受話器だというふりをする場面を思い浮かべてみよう。一次表象の「バナナ」はデカップリングによって元の意味から分離される。つまり，文字通りの意味（果物としてのバナナ）と比喩的な意味（受話器としてのバナナ）は，お互いにそれぞれの意味を邪魔することなく共存できるのだ。

　以上が，レスリーの言う「心の理論」の基礎を成したものである。精神分析家のピーター・フォナギーがのちに「メンタライジング」と名づけるこのモデルでレスリーは，一つの状態から別の状態へと認識の転換を実行するのに必要な心的メカニズムは，自分自身の心と他者の心を理解できるメカニズムと同じものだと仮定した。心が存在するこの内なる空間を概念化できるということは，人間へと続く進化の流れのなかで中核となるものである。

　ふりをする行為と心の概念化において両者とも，既知のものと未知のものとのあいだを橋渡しすることが必要となる。なぜなら，他者の心がわかるとどれだけ思い込もうとも，他者の心は謎であり続けるからだ。私たちは，自分について知っていることを通して，他者の心のなかにあるものを「想像」しているに過ぎない。

これに関連して，認知言語学者のジョージ・レイコフとマーク・ジョンソンが行った研究がある。1980年，彼らは共同で比喩の本質と文化的地位について，のちに大きな影響力をもつことになる研究の報告をした。彼らの著書『メタファに満ちた日常世界』（1980年，邦訳：2013年，松柏社）は[49]，比喩が私たちの日常生活における経験の多くに対して基礎となるものを提供するという基本的な考え方を示した。抽象的概念体系は比喩的プロセスを通して理解され，これと並行して，私たちの比喩は概念的なものになる。たとえば，重要性とか議論の要素というものは抽象的なものと具象的なものの比較を通して説明される。

【例】
—— 次の文章では議論が「戦争」として概念化されている
「彼は山ほどの理屈をまくしたてて自分の立場を死守した」
あるいは，
「このテーマに関する彼の見解は援護できない」

—— 次の文章では，抽象的価値としての重要性が物理的サイズの
「大きい」として心に描かれている
「そいつは本当にばかげた大計画だ」
「彼はなかなかの大銀行家だ」
「彼女は広告業界ではすごい大物だ」

　比喩は抽象的な概念を理解する基礎であるばかりか，「心の理論」に並行する形で，人間の知性の進化に不可欠なものと思われる。一つの概念を使って別の概念を理解したり，概念を混ぜ合わせたり結びつけたりする能力により，私たち人間はほかの動物よりもはるかに高等な，適応のための

潜在能力を獲得した[50]。

　私たち人間とほかの哺乳類種，とくにヒト以外の霊長類との決定的な違いは，私たちが約 5 万年前に獲得したと考えられるこの適応潜在能力にある。この能力ゆえに，私たちは極めて多様な生態系のなかを移動し，環境特化の文化を構築することに成功した唯一の種となった。

　これはつまり，ふりをする行為から心へとレスリーがたどっていった変化を明示するものであり，私たち一人ひとりが心のなかに新しい世界，新しい可能性を包含できるという状態を表している。神経心理学者ニコラス・ハンフリーがこれから着想を得て「内なる目」と呼ぶ内面的な視覚が，心の獲得によって私たちに授けられたのだ。ハンフリーはこれを私たちの進化および進化が私たちの祖先にもたらした価値と関連づけた。私たちの何かが違うという最初の瞬間[51]，私たちが「サピエンス（ラテン語で賢い）」になった瞬間であり，想像する能力があると悟った瞬間である。

　進化の脈絡で見ると，これは途方もない大躍進だった。見通しのきかない角の向こうに何がいるか，あるいはもっと重要な，他者の心のなかにあるものは何かについて現実に即して推理できる能力が，私たちの最初の祖先にもたらした恩恵を想像してみてほしい。人間の社会関係における新しいあり方への道が開けたのだ。私たちは，同情，憐み，信頼の情に加えて裏切り，寝返り，懐疑も同時に獲得した。私たちは，夢を見るとはどういうものか，想像するとはどういうことかを学んだのだ。

◆　◆　◆

　さて，ここまで私たちが何を学んできたか見てみよう。およそ 5 万年前に私たちの心は比喩を使う能力を獲得した。かつて知ることができなかった暗闇の秘密が，推測あるいは懐疑による連想の不思議によって明らかになった。私たちは，暗闇の向こうに何が待っているかの予測や想像を始め，

予測の範囲は経験とともに幾何級数的に拡大した。だがこの進化のなかで
もっとも意義深いのは、知ることができないものすべての比喩として、暗
闇の概念が浮かび上がってきたことだ。

　夜を具象的に経験することを手始めとして、私たちの心は不確実さの抽
象的観念を概念化することを始めた。「太陽が沈むとき」という状態に対
して具象的に応用していたものを、今やあるゆるものに対して比喩的に応
用できるようになり、私たちが知っていると思っていた周りの世界が二重
の存在という意味を帯びるようになった。目に見えるものに加えて、知っ
ていると思ったその瞬間の内部に、未知のものの存在する瞬間が並行して
存在していることに気がついたのだ。私たちは想像によって空白を埋める
ようになり、好奇心、不思議に対する疑問、疑い、そしてついには不信と
いう感情を獲得した。

　暗闇のなかを具象的かつ比喩的に見ることで、危険を予測し脅威を予見
する能力が非常に高まった。しかしながら、この能力が抱える問題は、私
たちのセキュリティシステムが現実の正確な評価の上に築かれたものでは
なく、単に可能性の上に築かれたものだという点である。そこで、前述し
た心理学者レスリーが不思議に思ったこと、つまり見立て遊びが子どもた
ちの初期の発達になぜこれほど組み込まれるようになったのかを思い起こ
してみよう。ひょっとすると、妄想症は精神疾患の一症状というよりも、
むしろ私たちのもつ、生き残ろうとする動因の強さの証しと考えてよいか
もしれない。

　もし、危険を想像することで、機先を制する行動をとり私たち自身を守
れるなら、その想像が現実に即しているかどうかなど関係ない。こう考え
ると、進化がたどったのは単純な論理だったように思われる。つまり「誤
った否定よりも誤った肯定」であり、「私は被害妄想かもしれないけれど、
だからといって、誰も私を殺そうとはしていないということにはならな

い」なのだ。想像は，私たちを守れきれない視覚に代わって，歓迎すべきピンチヒッターとなった。

【注記】

恐怖の感情と包括的なシステムとしての**恐怖**を区別したのと同様に，想像を二つに区別する。ここから先，好奇心，不思議に対する疑問，心に思い描く，創作するなどの包括的な経験を指す場合は太字で「**想像**」と表記し，心に思い描くという単純な認識機能を指す場合は通常の「想像」という表記にする。

4

不安の先の未来

「未来は暗い。
それは全体で見れば未来の一番よい姿，
私はそう思います」

ヴァージニア・ウルフ （小説家，評論家）

　臨床心理士としてのキャリアがまだ浅いころ，シェリーという名前の患者と出会った。彼女はひどい不安に悩まされていて，もうすぐ自分に何か悪いことが起こるかもしれないという曖昧な不安を常に抱えていた。主な症状は絶え間なく心配が続くというものだが，同時に怒りっぽく，不眠，筋肉の疲労を伴った。彼女はとりつかれたように計画を立てたり，リストづくりをしたり，ものすごい早口でしゃべったりするので話について行くのがやっとだった。彼女はずっとしゃべり続けるので，口をはさみたかったら文字通り彼女をさえぎる以外に手はなかった。

　シェリーはまるで振動しながら電気エネルギーを発散しているかのようで，一緒に座っているのも大変だった。何よりも驚きと苛立ちを覚えたのは，彼女は，いままで不安を取り除くための治療に来たわけではなかったということだった。23歳にしてすでに多くのことを成し遂げてきたこの若い女性はなんと，自分には多くの未開発の能力と向上したいという強い

欲求があり，早くしないと，本来なら「手に入れられるはずの」未来を逃してしまう……と考えていたのだ。申し上げるまでもなく，駆け出しセラピストの私はどう仕事を進めたらよいのか見当もつかなかった。

多くの人にとって，不安は自由を束縛し，活力を吸いとる深刻な病である[52]。まえがきで触れたように，成人の三分の一が一生のどこかで不安に悩まされる。これは，私たちの社会にとって非常に大きな割合だ。不安という名前でくくられてこの統計のなかに含まれる障害には，恐怖症，強迫性障害，パニック障害，心的外傷後ストレス障害などがある。治療しないままこれらの障害が進行すると，患者は病の前に無力となり，犠牲者となる。自らの人生に向き合うこと，自尊心，自己決定のすべてが減退するようになる。

興味深いことに，不安はあらゆる文化に存在するようだ。不安をさらに深刻なものにしたのは現代における西洋の生活様式だが，東洋や発展途上国でもアメリカと同じようなレベルで不安が存在することを研究が示している[53]。異文化間に現れる違いは，根本にある生理的，心理的な苦痛の程度よりもむしろ不安の内容や形態に関係している。

1967年に奇妙な不安がシンガポールの社会を席巻したときの例を挙げてみよう。数多くの男性が，自分たちの性器が腹のなかへ引っ込み始めるのではないかとひどく心配し始めたのだ。あまりにもそのような不安が広がったため，自分はこの「病気」にかかって死ぬのではないかと心配する男性で病院の診療室があふれかえった。何がこの流行病を引き起こしたのかは謎のままである[54]。

しかし，不安ということばを聞いてほとんどの人が考えるのはシェリーの症状に見えるもので，数多くの人が，シェリーと同様にGAD（全般性不安障害）と呼ばれるものに苦しんでいる。これは，恐怖と不安との決定的な相違を示す障害の一種だ。**恐怖**が目に見える脅威に対する神経生物学的

な防衛反応であるのに対して，不安は，脅威が曖昧かあるいは隠れている，対象のない恐怖である。

　心理専門職としての経験からすると，GADは広範囲にわたって現れる病気で，シェリーの事例のように重度のものから，診断基準に満たない軽度のものまである。後者は多くの人が日常生活を送るうえで抱えており，現代社会の自然な産物として考えられている[55]。こうした不安への手軽な対処法は，仕事が終わったあとの夕方のワイン一杯，子どもが寝静まったあとのマリファナの一服，ひどい一日のあとの「ザナックス」（向精神薬の商品名）の一錠などだ。

　何かと強いプレッシャーがかかる西洋社会においては，この類いの不安から逃れることなどほとんどあり得ない。鬱病とくらべて，おそらく不安はもっと生命の活力が伴っている，非病理的な存在だろう。「いや，何でもありません。ちょっと心配事があるだけです」という患者の声を何度聞いたかわからない。よく耳にするのは，この種の反応，つまり苦しい興奮状態や不安な状態は，何も心配する必要はないことを示しているという説明だ。私に言わせると，患者のこういう何かしら否定するようなことばは言い訳がましいもの，つまり不安の背後にあるものを過小評価したり，目をそらしたりする手段であることが多いと思うが，他方でこうしたことばには否定し得ない正直な響きもある。しかし，シェリーの抱える深刻な懸念や心配の程度はまた別物だった。

　あなたが抱えているのは不安の問題だとシェリーに納得してもらおうとする私の努力はすべてむなしく退けられた。「もっと落ち着いて」とか，「実際に経験したことをよく思い出して」とか，「心のなかの日常的な感情の変化に触れてごらん」とか言うと，彼女は挑むように抵抗した。これまで会った患者のなかでシェリーほど不安に真っ向から向き合う人はいなかった。彼女は，自分の潜在能力を引き出すために手を貸すよう常に私にプ

レッシャーをかけてきた。彼女は将来のこと，とりわけ，これから出てくるかもしれない要求に応えられないことについて本気で心配していた。

　まだ駆け出しの私は，彼女には平均以上の能力があり，何も心配することはないのだと繰り返し説得したり元気づけたりするだけだった。私は彼女に，ひょっとしたら私たちがまだ理解していない何かもっと深いものが彼女を悩ませているのではないかと，ことばを選びながらそれとなく言ってみた。だがどんな努力も彼女には届かなかった。彼女は厳しい自己批判で自分を苦しめ続け，それが彼女の不安をさらに増大させた。そして，つまるところ，自分の不安は正当なものだと確信するばかりだった。

　ある日，私が彼女に「もし今のような心配事がなかったとしたら，自分はどうなったと思うか」と聞いたことがあった。彼女は私の方を見て微笑み，静かに「たぶん死んでしまうと思うわ」と言った。

何が私たちを悩ませているのか？

　シェリーが自分に下した「予後診断」をさらに詳しく見る前に，不安について彼女が下した評価はまんざら根拠がないわけではないと認めるのは悪いことではないように思われる。100年以上にわたる課題成績に関するさまざまな研究で，不安は課題成績を向上させるものだと示された[56]。不安の心理学に関する初期の研究者ハワード・リデルは，1949年，不安は「知性の影[57]」であり，ゆえに教育と教養の高い文化的生活には避けることのできない随伴者だと提言した。不安について聖書とも呼べるものを著した心理学者デービッド・バーローはこれをさらにおし進め，「不安なしでは，ほとんど何も成し遂げられないだろう。アスリート，エンターテイナー，経営者，職人，研究者の成果はふるわず，創造力は衰退し，農作物の栽培は放棄されるかもしれない。そうなれば，何もかも速いペースでせわ

しなく動く今の社会では，木陰でのんびり時間を過ごすという憧れののどかな生活スタイルが手に入るだろう。これは，核戦争と同じほど種の存続を脅かすものだ」[58]。

　私から見れば，社会と文化の面から不安の役割を評価しようとしたバローの考え方，とくに不安がなければ創造力が枯渇するという考え方はいきすぎである。しかし，彼の主張に大げさなところはあるにしても，彼が言わんとする内容に一理あることも私たちが認めるところである。

　シェリーと同じで，私たちの多くは果てしない心もとなさと心配のなかに暮らしているのに，それでもなお，成果の達成へ向けての活動を維持している。脅威の源から引き離そうとするのが**恐怖**の主要な「行為の傾向」であるのと違い，不安は，「押す」と「引く」が不思議に混じりあったもののようだ。目の前すぐそこに脅威があり，私たちは不安を感じている。だがシェリーの症例に見る通り，不安は奇妙にも，逆説的に私たちを自らの人生に向き合わせ，ついには未来へと運ぶ力を有している。

未来へ向かって

　暗闇に対する私たちの古来の脆弱性について振り返ってみると，**想像力**を高めることによって，セキュリティの向上を図る私たちの能力が著しく進展したことは容易に理解できる。恐怖に対する私たちの反応が，その瞬間の事後的な反応から予備的な反応へと変化し，リスクの可能性を減少させることに成功したのはわずか5万年前かそこらである。道具を使う技術がより洗練されたことに加えて，武器の蓄積，恒久的な壁の建設，戦略的立案能力，そして農業用地の開拓という長期にわたる解決策が，長期的な防衛形態として現れた。

　道具の使用や新しい取り組みがもたらした価値のもっと向こうに，**想像**

力の誕生とともに達成されたさらに画期的な成果があった。私の見る真に革命的な出来事，私たちを「ヒト」というユニークな存在として定義したもっとも重要なものは「未来の発明」だった。

　未来の可能性を思い描き，起こりそうな結末まで演じてみることを可能にする場所が，私たちの心のなかに開かれた。心の目にある新しい視覚は，クイーンズランド大学の心理学教授トーマス・サデンドルフの呼ぶ「タイムトラベル[59]」の一部を成す。人間と人間以外の動物との違いの研究のなかで，サデンドルフはこのタイムトラベルの能力を，私たちをもっとも人間らしくするものとして概念化した。さらに，私が付言しておきたいのは，このことが基盤となって，私たちは自己存在の意味を理解し，希望や夢を抱くことができるようになるということである。

　サデンドルフなどによるタイムトラベルの研究は，エピソード記憶がタイムトラベルの能力の中心的な役割を果たしている点に注目している。エピソード記憶を有しているからこそ，私たちは自らの経験を，時間と場所に関連づけて意識化することができるようになる。「私は21世紀に生きている」「私はアメリカで育った」「二月に休暇をとる予定だ」という言い方を例に出すと，意味記憶と呼ばれる事実の記憶，たとえば「ニューヨーク州の州都はオールバニーだ」とは異なる。サデンドルフによれば，エピソード記憶はタイムトラベルのための前提条件であり，私たちが未来へ向かって「前進」するための認知的枠組みを提供した。私はこれを，私たちが今「感じるもの」を記憶に残っている過去へとさかのぼらせ，起こり得る未来へと展開するための経験的テンプレートと考えている。こうして私たちは，数百万年をかけた進化の末に，予測可能な環境変化に対する標準的な反応レパートリーを超えた。進化を自分の手のなかに収めるという新しい時代へと変わっていったのだ。ほかのどんな種とも比較にならないまでに，私たち「ヒト」は「適応的に進化する能力」を獲得し，それとともに

未来は私たちが自分の手でつくりあげるものとなった。

　ただし忘れてならないのは，**想像**が未来を産んだのは，**恐怖**があったからこそだという点だ。未来が存在することの正当性そのものが，疑念の代役としての働きを担える想像自身の能力に依存していた。どれほどの潜在的な価値があろうとも，無限の可能性を秘めた無害な未来は，同時に計り知れない恐怖をはらんだ有害な未来でもある。

　恐怖を暗闇の問題が解決するうえで**想像**が貢献できたのは，**想像**が疑念に対してそうした性質を備えていたからだ。であれば，私たちがこれほど依存する未来は本質的に，差し迫る危険の痕跡を伴っていると思われる。さらに，私たちが向かい合う未来は実体をもたない時間であり場所である。この章の冒頭に記載したヴァージニア・ウルフの引用文で，彼女は，「まだ見ぬ希望」を示唆しているのだが，「未来の私たちなど幻想に過ぎない」という現実に，所詮，未来になど期待すべきではないのかと思えてしまうかもしれない。このようにして，私たちが求めてやまない，実存すると信じる心の平穏は自分の一呼吸ごとに侵されていく。

　今ある暗闇に対して解決を促す過程で，**恐怖**と**想像**は新しい形態の闇を産み出した。そして，この新しい未来志向の闇こそ，今日私たちが不安と呼ぶ心理的苦痛の一因であろう。

　思うに，キルケゴール，ロロ・メイやその他の哲学者が，不安の源は実存と意義の解体にあると気づいた理由がここにある。なぜなら，私たちがこれほどまでに切望し，必死で駆け寄り掴もうとする未来が，そのたびに指のあいだから滑り落ちていくのを見て，どうして私たちは実存しているという確信をもつことができるだろうか？

心配は未来への架け橋

　大多数の私たちにとって，心配で悩むのは未来へ向けて何かをしようとしているときに避けて通れない経験である。それは，私たちが暮らしのなかで「もし〜だったら」に対応するときに必要なものではあるが，それはまた，最悪の事態に備えよと，何回も何回もしつこく要求する不合理な強迫観念でもある。

　心配する行為をもっと詳しく見ていくと，感知された脅威に対して過剰反応する感覚によって心配が導かれるとき，たとえその脅威がありそうもない，あるいは途方もないものであっても，心はその脅威を何とか解消しようと試みることがわかる[60]。しかし，私たちは経験上，いくら心配しても実際の問題解決にはつながらないことが多いとわかっている。

　不安や病的な心配についての学説を調べても，何が心配を助長し，持続させるかに関して意見の一致はほとんど見ない[61]。心配の源泉に関して，心配し悩むことは，交互に現れる心の状態の「コントラスト」を避けるための手段だとする見解がある。この見方からすると，病的な心配に陥りやすい人は，肯定的な状態の心配と否定的な状態の心配とのあいだをいったり来たりするリスクを取るよりも，否定的な状態の心配のままでいることを望む。つまり，彼らが避けたいのは，否定的な状態ではなく状態間の移動である。

　この考え方は，私たちがどうやって失望の痛みを和らげているのか，その事例証拠（逸話や風聞など，実例サンプルが少ない信頼性の低い証拠）と一致する。もちろん，何かよいことが起こりそうな予感で期待が膨らむときに，失望しないようにと自分の気持ちを抑えた経験は誰にでもある。これはまさに皮肉の本質だ。「最悪の事態を想定しなさい。そうすれば失望することはありません」。

　二番目の説は，心配は私たちの苦痛の対象に内在する望ましくない感情を避ける手段だと仮定する。心配することは，主に言語活動であることを考えると，**恐怖**や不安からくる感情的な苦悩とは大きく異なる。このモデルを支持する研究者の一人，心理学者のトーマス・ボルコベックは，心配は「ひとり言」の一形態だと表現する[62]。つまり，「心配する」という言語活動で心を満たすことにより，感情的な苦悩の自覚が軽減され，苦悩から注意をそらすことができる。このモデルの価値はそこにあると提起する。

　そこで私の提案は，心配は，不安へと向かう主要な媒体として，今の「私たち」と未来の「私たち」とをつなぐあまり頑丈ではない橋の補強を試みるというものだ。心配は，私たちのコントロールの及ばない，ある未来の時点における情緒的安心感の欠如を認知的に補償する手段として存在するようになったのではないか？　であれば，心配する行為は問題の兆しであると同時に想像上の解決策ともいえるのではないか？

◆　◆　◆

　前述の患者シェリーとはちょっと厳しい始まりだったが，その後数年間にわたる取り組みのなかで，彼女と彼女の母親との関係を詳しく知ることになった。シェリーが5歳のときに母親は家族のもとを離れ，それ以来一度も会うことはなかったとセラピーを始めた当初から聞かされていた。しかし私が知らなかったのは，将来の母親との再会を念頭に，彼女はとりつかれたように空想上の母親との関係を保っていたということだった。自分の空想があまりに現実味を帯びてきて，シェリーには空想が「未来の記憶」のように感じられたのだ。この「記憶」について詳しく調べていくにつれて，シェリーは自分自身と自分の想像上の未来との感情的なつながりにアクセスするようになり，この「橋渡し」の役目をするつながりを通して，彼女の不安は痛みと悲しみへと転換していった。そしてその結果，シェリ

ーは回復へのプロセスを歩み始めることになった。

　セラピーを終えた時点では，シェリーにはまだ少し心配性が残っていたが，以前のように容赦なく自分を追い詰めることはなくなり，自分をもっと肯定的に評価できるようになった。前よりもよく笑うようになり，暮らしのなかのばかばかしいことを楽しいと思うようになり，そして自分自身にもっと思いやりをもつようになった。だが最も重要な変化は，自分の痛みに取り組み始めたとき，彼女は自分自身，自分の夢，そして自分の**想像**と再びつながれたことだった。シェリーは，成人読書プログラムでのボランティア活動を楽しんでいる自分を発見し，他人へお返しをすることはなんとすばらしいことなのだろうと感じている自分に驚いた。

5

自らの心の恐怖

「あらゆる場所のあらゆる人々にとって，
暗闇は邪悪，脅威，危険を暗示する」

マーク・シャラー（*カナダ ブリティッシュ・コロンビア大学心理学教授*）

　人間の最も顕著な特徴の一つは，正確な「自己に関する知識」（自己知識）をもっていないということである。どんなに頑張ってもこれだけはできそうにない。自分たちの欠点を見つけられないのか，長所を見つけられないのか，いずれにしても正確な自己知識を有していない。だがそれ以上に痛ましいのは，私たちには「自分の盲点についての盲点」があることだ。

　他人のことを考えてみよう。敵か味方かは関係なく，正確な自己知識が欠如しているところを見つけるのはいともたやすい。「どうしてあの人は自分のそんなところに気がつかないのだろう」と思った経験は誰にでもあると断言できる。ところが，自らの自己知識となると，「自分自身のことがまったくわかっていない」と思われても気にならない。

　また，無知と心地よさの観点から見るならば，誰しもがこの状態に不安なく，満足しているというつもりはない。それとは正反対だ。臨床心理士として仕事をするうちに，患者が私のもとへセラピーを受けに訪ねてくる

大きな理由は，どれだけ上手にこの知識のギャップを維持してきたかが中心にあることに気がついた。実際，人生が自分の上に崩れ落ちてきて初めて，自分自身について抱いていた見せかけのイメージが音を立てて壊れ，状況はどうも思わしくないようだと気づき始める。私の患者のメイソンの場合もそうだった。

　数年前に一度，短い期間だったが，同性愛者のメイソンはボーイフレンドと一緒に私のところにカップルセラピーを受けに来たことがあった。二人は長く治療は続けず，関係をリセットし，高まりつつあった不満を声に出すことで，生活を再スタートさせた。しかしその時点ですでに，私は，何かがメイソンを彼自身と向き合わぬよう本心を現実から引き離そうとしているような感覚を覚えた。

　残念なことに，メイソンが再び私に電話をかけてきたのは，彼のボーイフレンド（現在は夫）が浮気してほかの誰かと恋愛関係をもってからだった。どうしたらいいのか，どう感じたらいいのかもわからなくなり，電話してきた。

　口では私の助けが必要だというものの，メイソンは相手との関係でも私とのセラピーでも，本心を語っていないのがすぐにわかった。彼は私に，今はとくに問題がなく，セラピーに戻ってくる必要はないと思っていると言い張ったのだ。夫は自分と別れると決めた，ただそれだけのことだと言わんばかりだった。そこで私は，「これから二，三回面接して様子を見てみませんか。義務も何もなしということで」と提案した。彼は私からのプレッシャーがないことに安心し，私との面談に同意した。

　私が面接してきたほかの大勢の患者と同様で，メイソンは強い意欲をもち，実績もあったが，心がからっぽだったのだ。彼はとにかく，喜びでも苦痛でもなんでもいいから，心を感情で満たしたかったのだ。なのに，彼が感じたのは，「まあまあかな」という中途半端な気持ちだけだった。

　私たちはまず，悲嘆と鬱憤を中心にセラピーを始めた。メイソンは決し
て認めようとはしなかったが，彼のなかでは夫に対して激しい怒りをもっ
ていて，その怒りの奥に悲しみがあるのがわかった。二人ともときにはほ
かの人とつき合うこともあったが，恋に落ちるなどというのは問題外だっ
た。私と約束した数回の面接はさらに数回続き，そのうちにメイソンは，
悲しみや裏切り，そして一番大事なことだが，傷ついたと感じる気持ちを
自分自身に許容できるようになった。そしてある日，面接中にメイソンは
自分がもう怒ってはいないことに気がついた。

　それから数週間，メイソンは私に，気分は爽快で何もかもが順調であり，
仕事もうまくいっていると楽しげに報告してきた。そしてある日，まった
く予想した通り，もうこれ以上話すことは何もないと私に言った。大きな
椅子に静かに座っている彼を見ていると，またしてもあの奇妙な感覚が私
を覆った。彼がドアに向かってじわじわ歩いていくのが「感じられる」の
だ。最初私は，この感覚の出どころは，彼がこれ以上深入りしたくないと
感じている気持ちに気がついたからだと思った。それは別に悪いことでは
ない。ところが，この「感覚」に加えて，私の心の目のなかにぼんやりし
たイメージの輪郭が見え始めた。彼が走っているのが見えるのだ。

　私のこの感覚とイメージは，メイソンが破局の苦痛から逃れようとして
いるとの認識からきたものだろうか？　私はこの感覚とイメージをメイソ
ンと共有することにし，ことばを選びながら彼に告げた。すると彼は私を
じっと見つめ，それから慌てたような表情をした。彼はうなずきながら，
「それは本当に妙だな」と言い，続けて彼は，誰とも話をせず，外からの
刺激もないとき，自分自身でも逃げていると感じるときがあると説明した。
じっと動かずにいるのに，走っているのだ。

　あとになってわかったのだが，走っているという彼の感覚は，彼の一部
が何かから彼を遠ざけようとしていることの予兆だったようだ。メイソン

が，自分自身を親切で，思いやりがあって，自己犠牲の精神があり，のんびりした性格だと思っていることが間違っているわけではない。ただ，彼にはそれでは収まりきらないものがあった。

　私との面接が進むにつれて，メイソンの走るスピードが少し落ちてきたようだった。だんだんと，彼は自分自身について知りたいと思うようになり，自分は誰なのか，どうやって今の自分にたどり着いたのか，そしてそれ以上に，自分は心のなかで本当は何を感じているのかを自問するようになった。ある日メイソンが，秘密を教えてあげるよとでも言いそうな顔で私のところへ来て，子どものように恥じらいながら，「自分はこれまでずっと，何かの動物が後をつけてきて，今にも跳びかかってくるという感覚に悩まされている」と打ち明けた。それから彼は恥ずかしそうに，だから自分はいつも逃げているのだと告白した。さらに彼は，「この動物は実体がなくて影のような存在で，いつも遠くにいるけれど，自分がどこへいこうともいつも一緒で，振り向くとそれは必ずそこにいる，だけどはっきりとは見えないんだ」とも言った。

　やがてメイソンは，成長する過程で自分に何が必要なのかよくわからなかったと言った。また，今までほとんど話題にならなかった彼の姉のことについて話し始めた。彼が子どものころ，姉はかなりの鬱状態で，両親をほとんど一人占めしていたというのだ。メイソンは「楽しい子」で「よい子」だったが，実は見えない別の顔ももっていた。自分は誰なのか，それは誰からも，自分からも秘密のことだった。もっとも親しい友人さえも知っているのはメイソンが外の世界へ向けて見せる外面だけだった。そんなある日，「その動物から逃げることをやめたら，どうなると思いますか？」と彼に聞かれ，「じゃあ，やってみましょうよ」と私は答えた。

　要点だけを挙げるとすれば，メイソンが逃げるのをやめたとき何が起こるかが，この章のテーマだ。メイソンと同じように，私たちの多くが自分

と自分自身との関係を見るとき，その関係は**恐怖**の要素を強く内包している。そして**恐怖**は私たちをばらばらにし，本当の自分との真のつながりを維持する能力を断ち切ってしまうのだ。

二つの顔

1866年，ロバート・ルイス・スティーブンソンの『ジキル博士とハイド氏』が出版された。当時は，社会において科学，医学，理性，そして社会的礼節がもっとも重要視された時代だった。それより200年さかのぼる科学革命に大きな影響を受けたビクトリア朝時代のヨーロッパは，工業と啓蒙運動を発展させ，繁栄を極めていた。そして，産業革命の最中に生まれた階級制度によって，人は，上流，中流，下流階級という枠組みにきちんと振り分けられるようになっていく。しかし，あとになってあらためて考えると，スティーブンソンの著書の出版は，私たちの文化や社会に関して何か意味のあるものの前ぶれだったことがわかる。

ジキル博士とハイド氏の物語のテーマは小説の域を超え，私たちの社会の仕組みそのものに触れる一種の神話となった。この本をまだ読んでいない方のために，あらすじをご紹介しよう。

映画と違い，小説はミステリー仕立てになっている。清潔でにぎやかな通りに面して古びたドアがあり，いかにも野蛮そうな男が登場して，このドアを入っていく。この男の名前はハイドといい，どういう訳か，ジキル博士という名の立派な医者を思いのままに操れる謎の力をもっている。殺人事件が起こり，目撃者はハイド氏が犯人だと証言する。ハイド氏とは何者で，ジキル博士に対してどんな力をもっているのか？

物語が進むと，ジキル博士が「自分のなかの別の男」を解放する術を見つけたことがわかる。それは，快楽を追求し，自分自身を満足させること

ばかりを考え，博士本人よりも若く，軽やかで，生き生きとしているまったくの別人格なのだ。善良で献身的な医者は，内面に隠れたもう一人の自分を受け入れようとするのだが，この内面の自分が他人を乱暴に傷つけ，殺人さえいとわない人間であることを発見する。『ジキル博士とハイド氏』とは，このように人の心を揺さぶる物語だ。ジキル博士の死でこの物語は終わるが，読んだ後には，もし私たちが自分のなかで目をそらしている部分に生命を吹き込もうとすると，ついには悲劇的な結末を迎えるのではないだろうかと思わされる。

　今日，ジキル博士の物語を読むことで，ビクトリア朝時代はいかに世界が閉ざされていたかが理解できる。人によっては，この物語は明らかに同性愛について述べたものであり，ビクトリア朝時代のイギリスで，同性愛への欲求を隠すために「独身者」を必要としたことを述べたものだと考えた。しかし私は，この本が暗示するものはもっと広いと思っている。この物語は，個人としても文化としても，私たちのなかにあるもっと深い分断をあらわにしている。それは，善と悪，高潔と野蛮，上流階級と下流階級の軋轢に見られる分断だ。ジキル博士は，内面に隠れたもう一人の自分を解放したいと切望すると同時に，これまで築き上げたすべての善なるものをこの分身に破壊させまいと闘う。私には，この二つの動き（すなわち，隠れているものを明らかにしたいと願望することと，その「隠れているもの」が私たち自身を傷つけるのではないかという恐怖）は，20世紀への移行期に，私たちの文化と社会が取り組んでいたものだと思われる。

科学が形にしたものとは

　スティーブンソンの著書が出版されたあと何年ものあいだ，ヨーロッパが社会的な大混乱でもがいている時代でもあったが，そのときに奇妙な新

しい病気が流行し始めた。女性（そして女性ほどではないが男性も）が説明できない麻痺，視覚障害，そして強迫症の症状を見せ始めたのだ。この病気は，ギリシャ語の「子宮」（uterusu）からとってヒステリーと呼ばれた。

　ヨーロッパでもっとも聡明な頭脳がこの問題の対応に当たっていた。フランスの心理学者ピエール・ジャネと神経科医ジャン゠マルタン・シャルコーは，催眠術を利用した研究によって大きな成果を上げつつあった[63]。彼らは，意識をもつ心と意識をもたない心のあいだの関係のなかで何かが間違った方向へ向かっていると理論づけた。しかし，この理論をさらに発展させ，心の動揺の根本にあるのは性欲だと提言して治療方法を考え出したのは，若いオーストリア人，ジークムント・フロイトだった[64]。

　いうまでもなく，フロイトの理論はあからさまに疑いの目を向けられた。社会の病は隠れた性的願望の結果であると唱えたのがウィーン出身のユダヤ人神経科医だったため，フロイトは露骨な反ユダヤ思想を克服しなければならなかった。それのみならず，この時代の時代精神は，個人に対する身勝手な見解を道徳的で自己抑制的なものとして発展させた。フロイトが現れたときの社会は，彼を待ち望んでいた社会でもあり，彼を恐れる社会でもあった。

　フロイトは，『ジキル博士とハイド氏』の登場人物によって巧妙に描かれた，ビクトリア朝時代の内面的な堕落に対する恐怖にとって真の味方となった。彼はブルジョワ階級を恐怖に陥れただけではなく，彼らの恐怖を目に見える形に表すことにも関与した。彼は研究を通して社会的な恐怖の感情の味方となり，不合理なもの，堕落したものを制御しようと強く願いながら制御しきれていない社会の側面に援助の手を差し伸べた。フロイトは，私たちが自分自身について恐れるすべてのものが棲む領域として無意識の存在を仮定してヨーロッパに「科学的」な根拠を示し，もし社会が彼の視点に抗うことをやめて彼の手法を用いれば，社会は健やかさを保ち，

猛烈な破壊衝動からも守られることになると約束した。

　同じころスイスでは，若い精神科医カール・ユングも無意識の存在について科学的な証拠を挙げることで有名になりつつあった。おそらくユングはパーソナリティタイプの研究，集合的無意識，そして自己のスピリチュアルな視点でもっともよく知られているが，彼は，私たちの自覚の枠外で活動する「コンプレックス」の存在についての基礎を科学的に確立するという極めて現実的な目標に向かって研究を開始した。そのために彼は，言語連想実験と呼ばれる，実験参加者がターゲット語（実験参加者自身が探し求める連想語）に反応するまでの時間を測定する実験を用いた。反応パターンを分析することで，ユングは実験参加者を悩ませている本質部分の判定を可能にした。この方法は，スイスの司法制度で応用されるところとなり，犯罪行為と罪の意識を識別するユングの技術は，彼をいち早く有名にした。

　しかし，ユングにとって自分の研究で重要なのは，意識している生活のなかで強い影響力をもつパートナーとしての無意識を具現化することにあった。フロイトが，ヒステリーの不可解な症状は性欲との内面的な関係の比喩的な現れだと主張したのと同じ手法で，ユングは，意識的行動は内面的な「無意識な心の動揺」の結果であると結論づけた。この二人が自分たちの共通点に気づくのに時間はかからなかった。

　最初は書簡のやりとりで始まり，ユングはフロイトに自己紹介をして，自分の執筆したものを見せた。それに対してフロイトは好意的な返事を送り，じきに二人は親しい友人となり，共同研究者となった。二人の交遊は七年間しか続かなかったが，西洋諸国の心理学の勢力図に大きな変化をもたらした[65]。

　年上のフロイトは，ユングに対して父親のようなよき師の役割を果たした。ユングは，性格の強さでスイスのみならず，ヨーロッパでもアメリカ

合衆国でも，フロイトの熱心な擁護者で支持者となった。フロイトと違い，ユングは外向的で精力的であり，また，彼のキリスト教信者としての生い立ちと社会的地位で，精神分析を「ユダヤの科学」だとする非難を和らげることにも寄与した。

　フロイトは，最初の精神分析協会の会長と精神分析ジャーナルの編集長にユングを就任させた。フロイトのユングに対する情愛を父親が息子に抱く情愛と表現するのは過小評価である。ある時期まで，ユングはフロイトの輝くばかりの才気の恩恵を受け，まるで父親の言うことを聞く忠実な息子であった。しかし，すべての息子がそうであるように，やがてユングは成長して自分自身の考えをもつようになり，それをフロイトが認めてくれるようにと願った。不幸にも，フロイトにはユングが進める研究の方針を取り入れて自分の研究の発想を広げることにほとんど関心がなかった。この不運な友情で結ばれた二人のあいだで交わされた書簡のやりとりから，フロイトは，自分が大事にし，命を懸けて守ってきた性欲の理論から離れないように必死にユングに懇願していたことがわかる[66]。おそらくフロイトはユングの考え方を正当に評価しようとしたのだと思うが，それに抵抗する何かが彼のなかにあった。

　ユングは，個人個人の無意識の中に存在する心の自己治癒力に気づいていた。フロイトと違い，精神病院で働いていたユングは，ブルジョワ階級の抑圧された性欲ではなく，のちに統合失調症として知られることとなる早期性認知症と日々向き合っていた。そこで彼が目にしていたのは，一見したところ意味もなく，とりとめのないことをぶつぶつと話している患者たちだった。自伝のなかでユングは，患者のつぶやきに耳をかたむけ始めたことや偏執病や妄想から意味を見出せるのだろうかと思い始めたことを記している。ユングは，不気味で呪術的な思考のなかに神話の要素が含まれていることを見出し，それらはこれまでの人間の闘争の歴史のなかで集

団的に受け継がれたものの一部であると考えた。

　フロイトはユングの考えを結局完全に拒絶した。二人がこの決裂から感じた痛みは察するに余りある。フロイトにとっては裏切りであり，ユングにとっては見捨てられたことを意味した。これは両者にとって，私的にも職業的にも彼らの人生を脅かす決裂だった。ユングは精神分析協会の会長職と精神分析ジャーナルの編集長の職を辞した。1913年，二人は最後の書簡を交わし，ユングは疑いもなくハムレットの死の場面へのオマージュもこめて，次のことばで書簡を結んだ。「あとはただ沈黙」[67]。

　フロイトが経験したように，ビクトリア朝時代の社会は性欲との抑圧的な関係に苦しんでいた。こうした視点から世界を概念化したフロイトの考えは，充分に地に足のついたものだった。ビクトリア朝時代のヨーロッパでは，明らかに性欲は抑圧され，それが肉体的にも心理的にも間違いなく問題を引き起こしていた。しかしフロイトが，人間に苦痛を与えるその他の原因の可能性を認めることをためらったのは，より深い問題を指し示しているように思われる[68]。

　私の見るところ，フロイトとユングの決裂は，フロイトが私たちに代わってぎごちなく仲立ちする定めとなった西洋社会における大きな亀裂を表わしている。簡単にいうと，亀裂は私たちと私たち自身の心 —— 意識化されない心 —— を中心として現れ，フロイトはそれを疑いの目で，ユングは希望の目で眺めた[69]。

　今日では，フロイトの心のモデルが及ぼす影響力は限られていると私には思える。深層精神療法を実践する私たち精神分析家やセラピストでフロイトの治療モデルに頼る人はほとんどいない。1980年代から90年代に，フロイトのいわゆる「メタ心理学」（フロイトが『夢判断』のなかで「無意識を扱う心理学」という意味で用いた概念であり[70]，意識現象を扱う心理学を超えた心理学という意味を含んでいる）は誤りだとして放棄され，性

欲が神経症の根本原因だとする彼の見方は色あせたものとなった。前の数章で見たように，今日ではアタッチメント，自己，情動，神経機能，そしてポストモダニズムの理解が，発達と治療に関するフロイトの還元主義的な理解に取って代わった。だが残念ながらいくらフロイトを否定したところで，西洋社会で感じている心の奥の**恐怖**，すなわち私たちに内在し，完全には知り得ないもしくは制御し得ない部分で感じている根本的な**恐怖**を変えるに至らなかった。私たちが自分自身に感じる恐怖，とりわけ自分自身の心に対する恐怖は今もなお私たちを苦しめ，私たちの個人的，社会的経験を形成している。

　近年，心理療法の動向として，心理療法の大きな流れは，認知行動療法（CBT）と一般に呼ばれるものに移りつつある。この療法は，無意識のプロセスや発達要因の存在を含めた心のモデルに多くを頼らない。CBTは，意識的な思考や行動を変えることにより症状を取り除こうとする。たとえば，セラピストはクモを怖がる患者には，系統的にクモに慣れてもらうべく，まずはクモのイメージに向き合うよう指示する。そして，最終的には本物のクモに近づけるようにしていく。CBTは恐怖症などの一定の症状には非常に効果があるが，患者の人となりの全体を考慮に入れるものではない。CBTセラピストも患者も，答えを得るために心の闇を覗くことをもはや必要としない。答えは，出てくることば，観察される行為のなかにそのままあるとされている。しかし，私の考えでは，CBTや心理療法における全般的な方向性の転換は，あるアプローチが別のアプローチよりも優れているという事実あるいは認識よりも，私たちの内面にある何ものかへの恐怖，私たちがCBTの到来よりも，さらにフロイトよりもずっと以前から逃げようとしている恐怖に関係している。

心のなかに潜む闇

　これまで見てきたように，私たちのなかの意識化されない心は，この程度なら許容したいと私たちが思う程度以上に，私たちの生命のありように関わっている。社会心理学者ダニエル・ウェグナーは，彼の著書 *The Illusion of Conscious Will* （2002年，邦題：意識的意思の幻想）のなかで，自分の統治は自分が舵を握っているという私たちの思い込みに対して，非常に説得力のある議論を展開している[71]。彼が最初に掲げる重要な点は，何かをしようとする行為は自身が率先して起こしたような「気がする」ため，きっと自分自身が起こした行為なのだろうと思い込む，ということである。ところが，科学はまったく異なる絵を描いてみせる。自発的に何かをしようとする行為は複雑で，行為の根底にある原因を多く含んでいる。そのため，「私たち」が何かの行為を起こそうと決めるとき，その決定が行為の主たる原因であるのか，それとも単に自分たちの無意識の心が命令したことに対する二次的な反応なのか，実際にどちらが起こっているのかを明確に把握するのはほぼ不可能である。このようなことが，ウェグナーによって明らかにされた。彼はさらに続けて，行為と反応とのあいだのこの関連性ゆえに，行為を自ら起こすという感覚はせいぜい幻想のようなものだと結論づける。こう考えるのはウェグナーだけではない。意思と行為に関連して，私たちがどちらに支配されているかという点について深い疑問を提示したのは，哲学者で心理学者のウィリアム・ジェームズまでさかのぼる。ケース・ウェスタン・リザーブ大学の認知神経科学者マーリン・ドナルドはこれを次のように表現している。

　　意識化可能な心は，制御し支配しているという心地よい錯覚を私たちに与えてくれると彼らは唱えたが，現実には，通りすぎていく

　人生のゲームを，（それは本質的に浅薄だから）なすすべもなく呆
然と眺めること以外何もできない。なぜなら，すべての私たちの
重要な知的ゲームはもっぱら無意識のうちに行われるからだ[72]。

　ドナルドが無意識のプロセスを重視する立場であることは明白だ。しか
し自分でも言うように，彼は妥協しない強硬論者ではない。確かに彼は私
たちのことを「認知的ゾンビ[73]」と呼ぶが，他方で意識に価値を見出すの
にやぶさかではない。彼が言うには，私たちは単なるロボットではないが，
意識は間違いなくパラドックスを創り出す。意識をもつことは私たちが一
番大事にしたいと思うものであり，私たちを真に人間にするものでもある
のだが，実際問題として，私たちの心全体のなかで見ると，意識はほんの
限られた機能でしかない。この点は私もぜひ強調しておきたい。私流に言
えば，意識に価値がないのではなく，無意識な心がとてつもなく広大なの
で，それとくらべると意識はあまりに限りなく小さいのだ。
　意識のパラドックスに気づいたのなら，私たちはなぜ，こうした，一見
したところ明白な限界にも気づかないのかが疑問になる。私の考えるとこ
ろ，意識のなかにあるさまざまな限界の承認を妨げる障壁は，私たちの心
が本質的に自己陶酔型であることから生じた。私たちがすぐ思いつく一番
簡単な説明は，「私たちは自分の思考を自覚しているのだから，私たちが
責任者であるのに決まっている」。こう考えると，手品やマジックショー
のイリュージョンの本質にも似ている。私たちは裏に隠れた因果関係には無
知のまま，結果を見て，それを実際に目で見た一連の出来事の結果だとみ
なす。コンピュータ科学者で認知科学者のマービン・ミンスキーは，1985
年の自身の著書『心の社会』（1985年，邦訳：1990年，産業図書）のなか
で，この点を次のことばで一際明確に表現する。「自分のやっていること
が，実は自分の知らないプロセス次第なのだとは誰だって思いたくない。

自分の選択が自分の意思，意図，あるいは自己統制の結果だと考える方を好む」[74]。

　いろいろな意味で，自分たちが操縦席にいるのではないことを恐れるのはもっともである。私たちの**想像**は絶えずイメージを描き，もしかしたら「適応のための最適解」を求めて活動しているだけでなく，たとえば振り向くという簡単な行為さえ，無意識のうちに実行しているのかもしれない。神経外科医のベンジャミン・リベットは，この問題を探究するために脳刺激を使った研究を数多く行った。彼は研究のなかで，神経の電気活動を測定しながら，思考と行動が始動する様子を観察することにより意思に関する疑問について調べた。簡単な身体的な動作，たとえばコップをもち上げる動作において，私たちが「このコップをもち上げよう」と考える数ミリ秒前に私たちの脳はすでにこの行為を始動していることを発見した。つまりは，私たちが自発的に身体的な運動を始動するという選択を行っている感覚は，いささか不正確なのである[75]。私たちの脳と意識化されない心は，私たちが認識している以上のことを行っているようだ。そして，自分で思っているほどには状況を制御できていないと考えることには当然ともいえる脆さを伴う。

◆　◆　◆

　これまで見てきたように，私たちの社会のほとんどは，思うほどに制御できていないという感覚を払いのけるために現れた。実際に保有している以上に，行為主体性を保有していると思い込む事実それ自体が，逃れられない脆弱性からくる不快感の証拠なのかもしれない。多様な異文化に共通する「勇気」の存在。情緒的な苦痛に対して心理的な防衛を築く方法。さらに社会的不安定さに対して武装するための技術の精巧な構造。このような存在や方法，構造は，人々は恐れることを好まず，恐れていることを認

めるのはもっと好まないという何よりの証しである。

　この章の最初の部分で紹介した私の患者のメイソンの話に戻ると，私たちの無意識の心は豊かで生き生きしている**想像**のなかだけではなく，苦痛や苦悩のなかにも宿っていることがわかる。未解決の苦痛を引きずっていることの多い過去の経験は，おおまかに長期記憶と呼ばれるものとして私たちの内面にとどまるようになる。これがとくに問題となるのは，私たちのセキュリティシステム，すなわち私たちが**恐怖**と呼んでいるものは，私たちを危険から遠ざけるために築かれているという事実だ。危険が近いことを脳へ知らせる主要なシグナルの一つは苦痛である。したがって，もし私たちの脅威感知システムが私たちの内部に苦痛を発見すると，このシステムは構造上私たちをその苦痛から遠ざけるように配線されているのだ。

　こうした心の動きを心理的防衛と呼び，これには，プラス思考，合理化，脱価値化，文脈化，回避などの，より無害な経験が含まれる。苦痛があまりひどくないときには，日々の生活のなかである程度こうした防衛行動をとる。だが，圧倒的な苦痛に脅かされるときは，私たちの心は離断や解離という防衛手段を用いる。これらはトラウマから生じた防衛行動であり，「私たちに」起こるもので，「私たちのなかで」起こるものではない。トラウマという用語を使用するときには，私たちの神経系を圧倒する経験を識別している点に注意することが重要だ。これは，いわゆる急性外傷と呼ばれるものに起因するもので，拉致，性的暴行，身体的暴行，拷問などがこれに該当する。その一方，「小文字のtのトラウマ（trauma）」と呼ばれることもある小さいトラウマから起こるものもある。これらの軽い症状で現れるトラウマは，現在進行中の経験がやがて累積して神経系にとって処理できないまで過剰になるものを指す。軽度のネグレクトや自己情動確認の欠如，もしくは過剰で執拗な親の監督なども「小文字のtのトラウマ」へとつながることがある。これらは，私たちの生存を確保するために，もっと

思い切った対応策をとる心が必要となる「ちょっと過剰な」あるいは「ちょっと過小な」混乱状態のことだ。比喩的にいえば，壁を築き，私たち自身の一部を地中に埋めてしまい，あるいは走って逃げることだ。だが，私たちの内面で起こっているものは相当に厄介な問題をはらんでいる。私たちの心は，記憶とのつながりを断ち切り，望まないものを仕切りで隔て，パーソナリティをいくつもの小さい部分に分割する能力をもっている。そして，こうした防衛行動が慢性化すると，満たされた幸福な状態の自分を回復するのは非常に難しくなる。

　この，自分自身の心に**恐れおののく**という図式で悲劇的なのは，私たちの配慮と注意をもっとも必要とする私たちの内なる経験，すなわち，苦痛や苦悩そのものが私たちへの脅威となり，それに対して防衛行動をとらなければならなくなるということである。生き残ろうとする過程のなかで私たちは自分自身に背中を向け，そして自分たちにとって一番大事なもの，「心」を失うのだ。

6

想像できますか？

「教育プロセスに埋め込まれた恐怖と
疑惑が少ないほど，
自然なステップで学習することがそれだけ容易になる」

W・ティモシー・ガルウェイ（テニスコーチ，著述家）

　セラピストとして，絶望に打ちひしがれた人に手を差し伸べられないときの無力さを痛いほど感じることがよくある。彼らの闇に灯りをともそうとする試みはすべて失敗する。絶望に打ちひしがれた人の心は，いってみればコンクリートのようだ。何もなかへ入れないし，何もそこから出てこられない。力になりたいと思っても，努力はすべて失敗するような気がする。もしかしたら彼らが感じている無力感は自分で思うほど暗いものではないのかもしれないが，その人にとって絶望は本物であり，逃避できないものなのだ。

　しばらく前，このような状態の若者と最初の面接をした。彼は絶望やこんな闇の形を痛いほどわかっていた。彼にはそれが，まるで誰かが自分の胸の上に座っているように感じられ，追い払うこともできず，少しずつ，自分の生活のなかすべてのものが灰色の埃で覆われていくようだった。未来がどんどん遠ざかっていくのが見える一方で，彼自身は苦痛と失望の現

在に取り残され身動きできないでいた。彼は自由になりたいと切望したが，それが叶うという希望をもてなかった。

　彼は「そんなこと想像もできない……何かが変わるなんて想像できない」と繰り返すばかりだった。

　このことばの意味するものを考えながら座っていると，自分の仕事のなかでいったい何回このことばが出てくるだろうと考え始めた。ことばそのものへの関心というよりも，その人が感じていること，つまり人にとって未来のなかの可能性を見る難しさについてどう感じているか知りたかった。ここにいる若者のような人々にとって，それはもっとずっと奥深い，あらゆるものを包括する抑鬱の一部だった。一方で私は，そのほかの人々にとって，それは彼らの人生のなかのどこか，ある特定の場所に立ち往生している感覚として，あるいはもう少し捉えにくい，漠然とした欲求欠如感として現れることを発見した。どんな形で現れるかに関係なく，未来を「視覚化する」ことができないとき，失望，悲しみ，後悔，そしてときには空虚の感覚をもたらした。

　私は，認知や感情の面で現在から未来に向かう心の動きが私たちの満足感にとって重要であることがわかり始めた。また同じく，第4章で取り上げたように，現在から未来に向かう意識経験のなかで不安に満ちた心の動きが私たちの**想像**力と結びついていることもわかってきた。

想像とは何か

　会話のなかの表現として，「想像もできない」やそれに似た言い方は日常のことばとしてよく聞かれるし，私たちは誰でも折にふれ使う。だが，その若者と面接した朝，どうしたことかこのことばが引っかかった。

　話しことばで「想像もできない」という言い方は，ありそうもない主観

的な経験，つまり通常予想される，あるいは予想したいと思うもの以上の何かを経験したときにそれを伝える方法として便利な表現である。たとえば，「そんなこと馬鹿げているとしか思えない」や「とてもじゃないけど不可能」を意味し，さらには，ある特定の可能性を不適切だと訴える言い回しにもなる。

　想像することは認知能力の一形態ではあるが，この「想像もできない」という言い方は，「彼の名前を思い出せない」のとはずいぶん異なる。どちらも心的操作（前者では想像，後者では記憶）を示していると思われる点で両者に表面的な類似点はあるのだが，違うのは，ことばのあやとして前者の言い方は，話し手自身の認知能力を評価しようという意図が含まれていないことだ。「私の想像力は現在働いていない」と言っているわけではなく，その代わり，話し手は個人的にあり得ると思うものを示している。表現の一つとして，それは認知的というよりは実存的であり，脳がどれほどうまく機能しているかというよりも話し手の個人的な世界観に関するものである。

　私たちがここで考察している**想像**という主観的経験とは，私たちの表層的な意識の下で絶えず創造的な働きをしている心が存在しているという感覚を反映したものだ。神経科学者アントニオ・ダマシオの研究はこの見方を支持している。意識下で私たちの脳は，脳と心が好む言語，つまりイメージを生産している。ダマシオによれば，こうしたイメージの生産は意識との関係における現在進行中の脳の働きを通して起こる[76]。心のなかのこの意識されない領域はあまりに広大なので，生産されたイメージのほとんどは意識に到達することはないとダマシオは論じる。

　アイオワカーバー医科大学の精神医学教授ナンシー・アンドリアセンは，心のこの側面を識別し，測定しようと試みる意義深い研究を行った。著書『天才の脳科学 —— 創造性はいかに創られるか』（2005年，邦訳：2007年，

青土社）のなかで彼女は，客観的に天才とみなされている芸術家の心を理解しようと試みた。彼女は，18世紀イギリスの詩人サミュエル・コールリッジなどの芸術家が残した内省的な作品を読み，創造力の働きはほぼ例外なく無意識のプロセスの結果であると気づいたのだ。

　一つの例で，コールリッジは，彼の詩『クーブラ・カーン』の詩行が，いかに「物として彼の前にわき上がるイメージ」として完全な形を成して夢のなかに浮かんできたか記述した[77]。目覚めると，コールリッジは思い出せる限り，たぶん200行以上を書き留めた。彼は残念そうにいくつかの空白を意識的に埋めなければならなかった。

　アンドリアセンも同じく，人間の脳はとてつもない複雑さとそれに匹敵する潜在能力をもつ自己組織化システムであると考えている。人は脳の10%しか使っていないという古い言い回しは，私たちが思う以上に的を射ているのかもしれない。

　ダマシオはこうした考えにさらに彼の評価を加える。すなわち，人間の意識的な創造能力は種としての私たちをほかの種と真に区別するものであり，さらに，この意識的創造は，ほかの霊長類には著しく欠如している精神領域の進化によってのみ可能となった。この領域にはいろいろな呼び方があるが，ここでイメージが保持され，意識的に操作される。スティーブン・コスリンなどの認知科学者はこれを「内省領域[78]」と呼ぶ。認知科学者マーク・ターナーと言語学者，認知科学者のジル・フォコニエは「概念融合領域[79]」と呼び，神経科学者マーリン・ドナルドは単に「意識[80]」とみなす。私たちはこの領域で，知っているものを使って，知らないことを理解する。そして，第4章で考察を始めたように，**想像された**未来の種子が根を張るのがこの領域だ。

　想像は，満たされ，幸福を感じるために不可欠な行為であることを私は自身の仕事を通して見出した。とりたてて芸術家，発明家あるいは企業家

のことをいっているのではなく，適応するための能力，そして次の瞬間の自分を生み出すための能力を発揮するために，いかに私たち一人ひとりが**想像**に依存しているかという話をしている。

　第3章で述べたように，**想像**は暗闇のなかに隠れているかもしれないものを見るために生まれてきたものだ。その一方で，**想像**がこの狭い目的だけのために働いているようではないことも見えてきた。**想像**は将来の潜在的な危険の知覚を可能にしただけでなく，あるいはまた，よりよい，より安全な未来のなかの「自分たちを心に描く」ことを可能にした。

　想像は私たちに，変化する環境や心理状態に適応するための希少な能力を与えた。ほかのどのような種も，人類ほどうまく順応し，適応し，生き残れるようには見えない。そして，注目すべきもっとも大事な点は，この**想像的**適応のプロセスのほとんどが意識の関与しない（非意識）レベルで起こるという点である。**想像**は，常に変化している未来へ向けて適応するために，そして新しい可能性を生み出すために，私たちが気づくことさえないまま絶え間なく活動しているようだ。

　それと同様に興味深いのは，こうした適応のなかには，単に生存するためでなく，むしろ満足，意義，そして喜びに結びついているものもあると思われることだ。私たちの心は当然自分自身が「心地よく感じるもの」を追い求め，私たちは意識的に「自分自身にとってちょうどよい」と思われる可能性を考える。私たちの**想像**は，意識のレベルでも非意識のレベルでも，今の自分と，これからなるかもしれない自分が徐々に明らかになっていくことに力を貸しているようだ。

　芸術的な創造において，芸術家は自分の内面で形になってくる作品のタネを「感じる」こともあるだろう。それは色かもしれないし，イメージかもしれないし，あるいは感情に訴えかける音色かもしれない。人間のありようから生まれる，ある特有の苦痛あるいは意味について表現したいとい

う欲求があるかもしれない。自然のなかで見つけた美がもたらす，はっとするような経験とその美を共有したいという熱望かもしれない。あるいは，何かが欠けている，何かを探し求めているという感覚かもしれない。

　ミケランジェロは，彫刻に使う大理石を選ぶのに，度を過ぎた時間を費やしたそうだ。彼がそうしたのは，彼が心のなかで描いている創造物は大理石それ自体のなかにすでに存在し，職人としての自分の仕事は単にその創造物の覆いを取り去るだけだと考えていたからだ。ここに私たちは，先験的な根源 —— もしかしたらそれは何か神聖なもの —— から受ける恩恵を彼が謙虚に認めていることを見て，そして同時に，彼自身の心の内面で起こっているものの投影を見る。言い換えれば，ミケランジェロが彼の創造物を見つけた比喩的な大理石は「心の大理石」と考えるのが一番よいのかもしれない。

　このような**想像**の特質については，ほぼすべての芸術家の認めるところであるが，芸術家に限らずすべての人々がもっと正当に評価してしかるべきものだと提起したい。**想像**は私たちが自己実現するときに起こるものだ。それは自分自身を表現したいという現在進行中の欲求におけるキュレーター（情報を収集管理，整理，共有する人）であり，**想像**が欠如したり不完全だったりすると，未来の自分自身を見ることが難しくなる。

　恐怖が（セキュリティシステムとして）安心を増進するのに力を貸すため**想像**が登場したのは間違いないと思われるが，**想像**にとってこれが最終目的地ではなかった。そこから私たちの心は，発明，創造，そして意味のためのさらに大きな能力を進化させ続けたが，これは安全欲求とはほとんど無関係だった。最初のタネをまいたのは**恐怖**かもしれないが，**想像**はその後，もともとの責務である安心に逆らうような形で他花受粉を続けていった。**想像**は，その自己成就の役を演じることで私たちを危険にさらす。「過ぎた好奇心は身の破滅」を招いたことを**恐怖**は覚えており，生存を追

求するうえで**恐怖**が**想像**を圧迫するのは不可避だった。私たちは何者であるかを明らかにすることが私たちの存在を脅かすなら，**恐怖**にとって，それを停止させる以外の選択肢があるだろうか？

　想像は自己組織化するものであり，遊び心で自分自身を創作することを楽しんでいるかのようだ。それがなければ，未来へと向かう能力，希望を見つける能力，そして生命と意味ある関りをもつ能力に私たち自身の限界を見ることになる。それは単に創造力の喪失や人生をもっと面白いものにする能力の欠如だけではない。**想像**は単なる存在を意味ある存在へと変容させるための舞台なのである。

　これは，私たちが意識を保有して以来ずっと続けている闘いである。**恐怖**は安心を求めて力を尽くし，**想像**は意味を求めて努力する。そしてこれから見ていくように，この闘いの影響を受けるのは今日の私たち個人の生命だけでない。西洋文化の歴史そのものがこの闘いによって形づくられてきたのだ。

闘いに敗れた日

　古代ローマの没落以来千年以上にわたり，**恐怖**は**想像**を捕虜として拘束してきた。それは西暦400年ごろから始まり，ルネサンスからさらにそれ以降まで続いた。私たちの心の拘束は，ある司教が定めた宗教教義の形態を通して成し遂げられた。人間の弱さ，とくに自分自身の弱さについての著作物を通して初期のカトリック教会で影響力を得た，ある司教とはヒッポのアウグスティヌスのことで，私たちには神学者であり哲学者の聖アウグスティヌスとして知られている。

　アウグスティヌスが彼の思想を広めていた時代は，ちょうどキリスト教が高まりを見せ始めていたころと一致する。西暦380年，ローマ帝国は正

式にキリスト教を承認し、以来数百年にわたり、ヨーロッパ全土から中東、そして北アフリカまで影響を広げていった。歴史家によれば、この時代は、奴隷もしくは農民以外が占める人口の割合はかろうじて5%という不安定な時代だった。異邦人やゴート人の侵略、蔓延する病気、変化する社会、政治、宗教構造のどれもがこの時代を激動の時代にしたのは疑いない。それでも、キリスト教は「ローマの廃墟[81]」のなかで繁栄していったようだ。

　この社会運動の一環として、アウグスティヌスは、彼が脅威とみなした「好奇心」を抑え込む法の制定により、心を拘束することに成功した。事実、西暦400年ごろを始まりとして、アウグスティヌスは好奇心を一つの罪悪であると明確に断定した。

　好奇心に関する彼の著書のなかに、いくつかのテーマが浮かび上がる。だがそれはすべて、好奇心は人間を黙想にふけることから遠ざけ、かくして神から遠ざけるものだという基本的な思想を軸足としているように思われる。アウグスティヌスは好奇心を「病[82]」と呼び、「目の情欲[83]」と結びつけ、人間を肉体の誘惑にもろい、卑しい生き物とみなした。目は肉体の一部であるゆえに、好奇心をそそる奇妙で美しい眺めに引きつけられる。神を思う心は安らぎだったが、その一方でアウグスティヌスは、自分の心さえも、「イモリがハエを捕まえる[84]」珍しい光景に気をそらしてしまうことを嘆いた。目は「感覚の貴公子[85]」であり、ゆえに神聖なるもののみに向けられるべきであるとした。

　この時代の教会にとって、目にすることに値する唯一のものは聖書だった。聖書以外の書物は私たちを神から遠ざけるような知識を表すものとなった。アウグスティヌスは、この好奇心と禁じられた知識との結びつきを説いて歩いた。彼によれば、我々人間が探究するには不適切な知識の領域というものがあった。そこにあるのは、不健全なもの、グロテスクなもの、魔術、占星術、そして予言などがあり、それらは「奇妙な技法[86]」と呼ば

れることも多かった。だがそれ以上に，知識を得ようとすること自体が罪深い行為とみなされた。初期のキリスト教宇宙論のなかの卑しい生き物が，たくさんの疑問をもつことは道徳的に不適切だと見られた。このことをもっとも象徴的に表す例は，エデンの園からの追放の物語である。

この時代には知的探求が著しく後退するのが見られた。図書館は破壊され，書物は焼かれ，多くの哲学者や教育者は，もてる限りの知的遺産とともに東方のペルシャへと逃避した。この知識の破壊は部分的にゴート人の手によってなされた。彼らは既存の文化を破壊するためにやって来たからだ。しかし，知識からの全面撤退をこれで説明するには不十分である。

西暦529年までには，ローマ帝国皇帝ユスティニアヌスはアテネのアカデメイア（古代ギリシャの哲学者プラトンが開設した学校）を閉鎖した。教育は宗教に関連したものに限られ，この時代に書かれたすべての書物は，事実上すべて宗教に関連したものであった[87]。書籍の制作が劇的に減少する一方，教会は異教文化の同化を通して勢力を拡大していった。不幸なことに，知識は異教徒のものとされ，ギリシャやローマのあまたの神々は，唯一の神となった。唯一の神は私たちが知識を蓄えることを望まない，アウグスティヌスはそう主張した。

好奇心の罪深さに対するアウグスティヌスの見解は，西洋文化の進化のうえで非常に大きな影響力があったものの，知識，文化，そして心と私たちとの関係における広範な変化を，彼の書き残したものだけに帰するのは言いすぎであろう[88]。社会的にも文化的にも多くのものが，そのときへ向けて変化していたが，そのすべてが目に見えているわけではなかった。好奇心についてのアウグスティヌスの宣告は，すでに動き始めていた変化の波にただ乗っただけかもしれない。何かが社会の構造そのもののなかで動いていた。私たちはこうした社会的制約をたくさんのレンズを通して確認できるが，心理学的な視点からは，ローマ帝国の没落の後に起こったこと

は，**想像**が進化するうえで決定的に重要な瞬間であった。

　多くの点で中世における荒廃は，私たち自身の心の内部でときどき起こることと大きな違いはない。アウグスティヌスと教会は好奇心と欲望の自然な衝動を，そして究極的には心自体を閉じ込めようと格闘した。自分たちの行為を正当化したのは宗教法，すなわち私たちを神のより近くへ導き，そして罪深さに伴う永遠の断罪の危険を避けることを意図した，恐怖に基づく法だった。「好奇心を抑えよ，欲求を抑えよ，心を小さく保て」。この恐怖に基づいた拘束は私たちのためを思ってのことだった。しかし，私たちが自分の人生において知るように，安全のコストは非常に高い —— 決して理解することのない考え，決して表に出すことのない感情，そして悲しいことに，決して実現することのない自分。

　何が私たち人間をこれほど**恐怖**に対して脆弱なものにするかは，これからもっと深く見ていかなければならない。このような状態を促した私たちが人間になる過程で，何が起こったのか？　しかも，ほかの動物がこのような問題を抱えていないのはなぜなのか？

生まれたときは劣等生

　ニューヨーク市の「ヘルズキッチン（マンハッタンにある地域名）」の通りで拾ったネコのことを決して忘れはしない。救急隊がこのメスの野良ネコを捕まえられたのには驚いたが，その訳がわかったのは，数日後，獣医にもうじき子ネコが生まれると言われたときだ。数週間後には，私は6匹の子ネコの自慢の父親となった。6匹の子ネコは，私の住む廊下のない小さな安アパートの端から端まで，一緒にフルスピードで走り回ることをすぐに覚えた。

　この経験のなかでもっとも印象に残っているのは，母ネコが子ネコの世

話をするためにどれほどの手間をかけるかということだった。母ネコとの出合いからしてもそうだが，この母ネコは今でも野性的で，猛烈なほど自立心が強く，そして常に人間との交わりに用心深かった。最初に彼女を抱き上げようとしたときのことはよく覚えている。最初，彼女はじっとしていたが，私が腕のなかに抱えるや否や，爪を出した足を激しく振り回しながら，私の腕，胸，首や顔をひっかき始めた。この野良で，ひょっとしたらショックを受けているネコが，捕獲され檻のなかに入れられ，里親を待つことを受け入れた事実は，子ネコを産むための安全な場所を見つけたいという，母親としての責務によって駆りたてられた，無私無欲の服従行為のように私には思えた。

　子ネコを産むのもまったく同じことだった。午前2時に私が最初の子ネコを包みこんでいる羊膜を目にした瞬間から，母ネコは出産マシンだった。彼女はひたすら，子ネコを包んでいる羊膜を開き，子ネコをきれいにし，羊膜を食べ，そして荒い息をしながら次の子ネコが現れるまでからだを休めた。5回の出産のあと彼女は明らかに疲労困憊しており，これでもう終わったと私は思った。これ以上はもう無理だと思っていると，羊膜がもう一つ現れた。そして彼女がやっと自分のからだを休ませる前に，6匹全部の子ネコはきれいになって，母ネコの柔らかく暖かいおなかにからだをすり寄せていた。

　その後，母ネコは丸二日間，押し入れのなかのねぐらから離れることを拒み，私が与えた餌にも口をつけなかった。どうやら，羊膜に含まれるたんぱく質は，出産のあとの生まれたての子ネコが最初の一時期を乗り越えるのに十分な量の栄養だった。そしてそれに続く日々の子ネコの世話のなかで，母ネコは常に寄り添い，無駄なく効率的で，しかも自分自身の欲求にはまったく無頓着という様子だった。

　これとは対照的に，もう一つ明瞭に記憶しているのは，母ネコがそれと

なく子ネコと距離をおいていくプロセスだった。見た目には，まるでもう
うんざりしたか，子ネコの面倒を見る気が失せたようだ。数週間が経ち，
子ネコが自分たちで餌を食べる機会が増えると，母ネコは以前ほど子ネコ
に餌を与えることに注意を払わなくなった。ほとんど何の理由もなく，思
いついたように立ち上がり子ネコから歩き去った。これは，母ネコが子ネ
コに対する温かみや育児への関心をなくしたのではなく，そうした愛情の
かけ方をもっと選択的に行うようになったのだ。夜のあいだは，母ネコと
子ネコは大きな毛皮の毬のようになって一緒に横になったが，昼間，母ネ
コは子ネコから離れて，自分のために行動することもあった。驚くほど彼
女の育児は押しつけがましくなく，子ネコはのびのびと成長し，自由に遊
んだ。母ネコは，子ネコをほぼ自給自足できるまでに育て，あとは自力で
生きていけるようにした。だがそれ以上に，母ネコはいつ子ネコを自分の
もとから解き放つべきかそのタイミングを本能的に知っていた。

　私たち人間の場合は少し違う。2カ月の短い期間のみ母ネコが献身と愛
着で子ネコに接するのと違い，私たちは何年にもわたって，油断なくつな
がりを保ち，面倒を見てくれる母親か父親もしくは両方を必要とする[89]。こ
の世界に生まれ来るとき，人間の赤ん坊はほかのいかなる種よりも大きく
劣っている。私たちはほかの動物よりもずっと長い期間自分では満足に生
きていくことができず，この長期間にわたって結びつきを保ち，面倒を見
てくれる養育者としての能力がなければ，私たちの誰一人として生き残れ
なかっただろう。

大きすぎる大きさとは？

　脳の進化は，私たちが最初に人間と呼ばれるようになったのはいつかと
いう疑問と関係がある[90]。ホモ・ハビリス（ラテン語で「器用な人」）は原

始的な言語をもった最初の種と考えられているが，これは最初の人間としての地位を与えてよいものか？　化石の記録から，300万年前のホモ・ハビリスの脳はおよそ600cm³だったとわかる。この脳の大きさは，今日のチンパンジーに見られるものに近い。ところがその時点から私たちが進化する過程において，脳は劇的に大きくなる。ホモ・ハビリスから約100万年後のホモ・エレクトゥス（直立する人）はほぼ2倍の大きさの脳をもっていた。この進化の過程で特筆すべき点は，この脳の増大がそれに見合ったからだの大きさの増大を伴わずに起こったことである。今日のホモ・サピエンス（賢い人）の脳はおよそ1400cm³で，この拡大のほとんどは直近の50万年のあいだに起こった。もう一つ注目すべきは，旧皮質，つまり古いほうの大脳皮質は私たちのものとほかの多くの哺乳類のものと実質的に同じであるが，私たちのためにこれほど劇的に拡大するのは，新皮質と呼ばれるものである。これがいいのだ。

　この脳の大きさの発達と並行するものが，以前述べた二足歩行への移行だった。ホモ・エルガステル（エレクトゥスの変種とされている）／エレクトゥスはどんどん直立の姿勢で歩くようになり，この移動方法の移行は私たちの生体の仕組みに変化を要求した。この変化のうち主要なものは骨盤の縮小と脚の伸長で，これによって直立姿勢でより長い距離を歩くことが容易になり，移住の可能性を高めた。しかしながら，この移行によって「骨盤圧迫」とも呼ばれるものが現れた。どうやったら頭の大きな赤ん坊を出産し，その子の大きな脳が発達するのに十分な期間生きていられるようにできるか？

　この問題は，子宮内での脳の発達の期間をさらに長くすることによって解決された。さまざまな種の妊娠期間は脳の大きさに直接リンクしている。ネズミの21日からマカクザルの165日，さらに人間の280日という具合なのだが，この妊娠期間の延長でさえ，目的達成に充分だったわけでもな

さそうだ[91]。誕生時のチンパンジーの脳の大きさは，最終的な成長後の脳の大きさの45パーセントである。マカクザルの誕生時の脳の大きさは，成長後の70パーセント，ところが人間の場合は哀れにも，新生児の脳は成人の脳容積のわずか25パーセントしかないのだ。そしてそれに続いて私たちが発見するのは，チンパンジーは生まれて最初の一年間で成長したチンパンジーの脳のサイズの85パーセントを獲得するが，人間の乳児の脳が同じように成人の脳容積の85パーセントに到達するまでおよそ6年間まるまる必要とすることだ。この神経発達要件が意味するものについて，どれほど強調してもしすぎることはない。

　私たちの脳のサイズが大きくなり骨盤は小さくなったため，脳の発育を確保するには脳が子宮の外で発達できるような産後のプロセスが必要となった。子宮による自然の保護環境がなければ，どうやって私たちは新生児が自立の生存能力をもてるようになるまで新生児の生存を維持できるか？

　誕生時の人間の子どもの脆弱性，またこの子どもが自分の安全を自分自身で管理できるようになるのに必要な年数を考えると，進化は何か独創的なものを必要とした。そこで人間が開発したのは，母性保護にとって基本的な霊長類のシステム上に構築する形で，母と子をしっかりと結びつける神経的・心理的・生理的システムだった。このシステムは以前見た通り「アタッチメント」と呼ばれ，子どもが比較的自立の状態に到達するまで十分に長い期間子どもを養育者に結びつけるものである[92]。

　本質的には，この子どもと養育者の関係に関するアタッチメントというシステムは，彼らの最適距離を監視し維持する。この距離が大きくなりすぎると，乳幼児は苦痛を感じる。これは第2章で話題にした警報システムの一部をなすもので，不安，恐怖，パニックを引き起こす。不安を感じている乳幼児の泣き声は，母親に対して二人のあいだの距離を縮め，子どもをなだめるよう警告を発する。年齢が進み，成長するとともに子どもにと

って耐えられる距離は広がり，最終的に子どもが安全に，養育者から離れても生存できるようになるまで広がる。これは，母親と子ども両方にもう一つの特有な課題を突きつける。お互いの近くにいることの必要性と同時に自由であることの必要性との折り合いをつけるという課題だ。

　私は，妻が息子とこのデリケートなバランスをうまくとっているのを見てきた。彼女は非常に明快にそして鮮やかに，一人の母親としての仕事を次のように表現している。「一日一日どれほどずつ手放していくか，それを見極めることが必要なの」。そんなに簡単なことではないと思うが，彼女はうまくやっている。

　この折り合いをつける段階のもっとも初期においては，乳幼児の安心は触覚と視覚とによって維持される。母親と乳幼児がお互いをじっと見つめることが，感情の制御と安心の増大とを後押しするという，その道筋を理解するために多くの研究が行われ理論が提起された。1960年，コーネル大学で共同研究をしていた心理学者エレノア・ギブソンとリチャード・ウォークは，動物の幼体と人間の乳幼児が，どうやって深さや高さの危険を切り抜けるために自分たちの母親を利用するかを観察するための巧妙な実験を編み出した[93]。この実験は「視覚的断崖」として知られるようになった。その後心理学者ジェームズ・ソースと精神医学のロバート・エムディによって取り上げられ，実験は最終的に，いかにして動物の幼体が高さの危険を学習するかにとどまらず，究極的に人間の乳幼児が，何が安全で何が安全ではないかを学ぶために，いかにして母親からのシグナルを利用するかという観察を始めた[94]。

　実験の設定は，半分が市松模様のタイルに覆われた台から成っており，中間点でタイルは透明なプレキシガラス（アクリル樹脂を用いた強度の高いガラス）に変わった。プレキシガラスを通して，3フィート（約90cm）下にある，やはり市松模様のリノリウムのタイルで覆われた床を見ること

ができた。乳児は市松模様があるほうの台の端に座らされ，遊ぶためのおもちゃを与えられた。数分後，おもちゃは台の反対側の透明なプレキシガラスのあるほうへ移され，母親もまたそちら側に立った。乳児はおもちゃを取りにいこうとおもちゃのあるほうへ，つまりプレキシガラスのほうへ這い始めた。例外なく，プレキシガラスまで来たとき，乳児はこわばり動きが止まる。明らかに混乱し，自分の足場に自信がない。だが，ここでもっとも注目すべき点は，不確実さや曖昧さに直面したとき，乳児は母親の顔のほうへ目を向けたことだ。実験に先駆けて，母親は二つのグループに分けられ，一番目のグループの母親は励ますような表情をするように，二番目のグループは怖がるような（あるいは怒っているような）表情をするように指示されていた。

　実験の結果で明らかになったのは，母親が励ますような，リラックスした表情を見せたときは，赤ん坊は再び這い始めておもちゃに到達した。しかし，赤ん坊が見上げたときに母親が怖がるような表情をしているのを見たときには，赤ん坊はこわばったまま動こうとしなかったことだ。この実験は何度も再現され，結果は，生後およそ10カ月の乳児は自分たちの行為の案内役として母親の顔の表情を利用していることを示していた。だがそれ以上に，私たちの好奇心や探究心への傾向は，社会が決定する「何が安全であるか」によって直接形づくられるということがわかる。

　養育者の顔の表情に何が起こっているかを敏感に読み取るように神経回路が備わっているという事実は驚くに当たらない。母親からタイミングよく視線を送られると，ふっと途中で立ち止まってしまうのを私たちは誰でも経験したことがあると思う。たぶん，これが私たちにとってさらに重要なのは，この制限するシステムは私たちがこれまで想像していた以上にあちこちに現れるという自覚である。

　乳幼児から児童期にかけて私たちが受け取る，何が安全で何が安全では

ないかというメッセージは明示的でもあり，暗示的でもある。こうしたメッセージは，許可と制約，つまり励ましたり，思いとどまらせたりする表情の絶え間ない流れとなって私たちに届く。どう食べるか，どう遊ぶか，どう寝るか，どう歩くか，どう走るか，どう勉強するか，どうトイレを使うか，どう病気に対処するかは，すべてこうしたメッセージだ。

　これらのメッセージはすべて，私たちの両親，私たちの住むコミュニティや社会のもつ主観性によって形づくられる。不幸なことに，これらの主観的な制限が積み重なった結果，自分の関心事に従おうとする行動の自由を変化させてしまうばかりでなく，私たちの自身と心の構造にまで影響を及ぼす。

　恐怖によって哺乳類の探求心や遊びが制限されることは，人間にとってとくに厄介な問題である。私たちの脳と心は自己組織化システムとして進化し，コンピュータというよりはむしろ遊び場に近い。第1章で詳しく見た遊びの役割によく似て，ここでの遊びは健全な心の働きであり，そしてさらに，健全な心は健全な自身の基礎となるものだといえる。子どもの発達における精神分析初期の開拓者の一人，D・W・ウィニコットの次のことばが意味するものがここにある。「子どもや成人それぞれが創造力を発揮でき，そして自分のパーソナリティのすべてを使うことができるのは遊びのなか，唯一，遊んでいるときだけなのである。そして，創造的であるときのみ，人は自分自身を発見する」[95]。

　抗しがたいあるいは慢性的な関わりの**恐怖**を子どもの生命に吹き込むことは，彼らの遊びの行為を抑止するだけでなく，それは文字通り彼らの**想像**がもつ遊び心の機能を抑止してしまい，その結果，なりたい自分になる能力を妨げる[96]。

◆　◆　◆

ロビンは人生のほとんどを，他人を喜ばせたり，どんな人からも好かれたりすることに時間を費やしてきた。よき友人であるため，そして結婚生活のよきパートナーであるために一生懸命努力してきたのだ。彼女の夫は以前セラピーを受けた経験があったが，ロビンは自分自身について学ぼうとしなかった。彼女の夫は，二人が言い争いをしているときにロビンが見せる爆発的な怒りについてセラピーで相談してみるように勧めた。彼女の説明によると，何もかも順調だと思っていると，突然前ぶれもなく「〈その感情〉が全部噴き出してしまう」のだという。あいにく，彼女が〈その感情〉を現すのに使ったことばは，単に「怒り」ではなく，「意地悪」であった。

　私たちが最初にしたのは，ロビンが自分の感じていることともっと触れあい，情動，感覚，感情が働いている小さな瞬間に気がつくようにすることだった。この作業はロビンにとって価値あるものとなり，彼女も望みがあると感じた。だが，私たちが彼女の意識下に隠れているものを探し始めたとき，ロビンは，自分が誰であるのかまったく知らないことに気がついた。「好きな映画は？」，「好きな音楽は？」，さらには「なぜニューヨークに住むようになったか？」という問いに彼女はまったく答えられなかった。

　こうして現れ始めた現実を前に，私たちが一緒になって知りたいと思ったのは，そうした個性の感情状態はどこへいったのか，なぜそれが彼女にはわからないのか，そもそもそれは存在しているのかということだった。認めるには至らない失望や感情的な痛みのこまごました瞬間に導かれた先で，私たちはロビンに自分は誰なのかという重要な側面が欠けていることがわかった。ロビンには自分がそれをはねつけているのか，理由をつけて追い払っているのか，それとも気がつかないだけなのか，自分でもはっきりわからなかった。いずれにせよ，彼女の手に入るものではなかった。

　ときが経ち，ロビンが自分の内面の経験をもっと確認し始めるにつれて，

彼女は，壊れやすい卵の殻の上を夫と一緒に恐る恐る歩いているような感覚について話すようになった。それはぼんやりしていて，自分にもほかの誰にも，そんなにはっきりわかるものではないと言った。彼女は，夫が必要としているもの，あるいはもっと広く他人が必要としているものに対して自分がどれだけ敏感かについて説明し，またその要求に応えることができる自分に誇りを感じていた。その誇りを感じる自分が，夫の好きな食べ物を忘れずに買っておいたり，母親に礼状を送ったりという気が利くと相手に思ってもらえる行動をとらせるのだ。だが，いろいろな意味で，この「卵の殻」経験は主に，夫の感情状態に同調しようとする試みであるとわかった。彼女の説明によれば，夫の心を読むのは必ずしも容易なことではなかった。自分は人の感情を読むのはけっこう得意だと思うが，夫の場合は必ずしもうまくいかないと言った。

　二人で課題に取り組むうちに見えてきたのは，彼女が覚えている「よい子ども時代」とは，どうも彼女が過剰なまでの抑圧的な恐怖を感じていた子ども時代でもあったという自覚が彼女のなかで大きくなっていったことだ。まだ幼い子どものころ，なかなか一人で寝ることができず，安らぎを求めて母親を起こしにいったのを覚えていた。母親は安心させるように彼女が眠りに落ちるまでそばに座っていてくれた。ロビンはまた，強盗が家のなかに侵入してきて，自分を誘拐するという恐怖を抱いていたことも覚えていた。家族で旅行に出かけると迷子になるのではないかと心配し，少なくとも12歳になるまで，公共の場所でも母親の手を握っていた。

　こうした記憶の性質について詳しく見ていたときのある日，ロビンの心のなかに母親の顔のイメージが浮かんできた。私が彼女にそれをことばで表現してほしいと頼むと，彼女は，はたと困ってしまった。髪の毛や顔の輪郭ははっきり見えるのに，眼や口，顔の表情はみんなぼんやりしていた。母親はうれしそうか，悲しそうか，怒っていそうか，怖がっていそう

か——どういうわけか，ロビンには，イメージのなかの母親の感情状態を把握できなかった。そして，この体験をしながら一緒に座っていると，ロビンは泣き始めた。「お母さんが何を感じているのかわからないの。お母さんは何を感じているの？　あなたは何を感じているの?!」彼女は必死になって叫んだ。

　ロビンは，幼いころの自分は無意識のうちに母親が何を感じているかわかろうとそればかり考えていたことを少しずつ思い出し始めた。私たちはいろいろな記憶の断片から，彼女がまだ幼かったころ，彼女の母親は間違いなく鬱状態にあったという印象をもち始めた。母親は，心を読むのが難しかっただけでなく，顔に出る表情は怖いことが多かった。親の鬱状態は子どもの安心感に大きな影響を及ぼし得る。鬱状態の親に感情の面で手が届かないとき，不確実さと予測不能の感覚を呼び起こす。ロビンの母親は，何を考えているのか読めない人であっただけでなく，彼女の鬱状態は意味のある絆をもつことを難しくした。そしてこれはロビンにとって，どう反応すべきか，いつ怖がるべきか，そしていつ緊張を緩めるべきかを知るために役に立ったであろうシステムそのものをいつの間にかむしばんでいた。その代わり，ロビンは絶え間ない過剰警戒状態を強いられることになり，必死に母親の心を読もうとし，母親の経験を通して感じているもの，つまり，その場にいてくれるという感覚と見放されているという感覚——これら二つの同時に存在する感覚を調和させるにはどうしたらよいかと思いを巡らせていた。そしてその間ずっと，ロビンは恐怖を感じていることを彼女自身からも家族からも，「よい子」の仮面の下に隠した。この仮面をつければ，彼女にとって自分の養育者との前向きなつながり（アタッチメント）を少し容易にした。

　ロビンの心はこの過剰警戒の状態に支配され，彼女の警戒をほんのわずかでも邪魔するものはどんなものでも根絶やしにされなければならなかっ

た。ロビンのなかの安心を必要とする部分が，無意識のレベルで自分の問題に適応する方法を考え出したのだ。必要な警戒から少しでも気をそらすものがあれば，それを取り除く必要があった。彼女にとってもっとも気が散るもの，もっとも邪魔になると思われるものは彼女自身の個人的要求と欲求だった。それはまるで，彼女の心が，彼女の内から聞こえてくる願望の声の音量を段々と絞っていき，ついに彼女には聞こえなくなってしまったかのようだった。この声を自覚できず，ロビンは母親との不健全な調和という枠のなかで身動きできなくなっていた。

　最後には爆発する怒りは，自分の要求と欲求に対する権利を取り戻すという，彼女にとって健全さの形態の一つだったといえるかもしれない。こう考えるのは理にかなってはいるが，現実には彼女の場合うまく機能しなかった。彼女の心理的監禁状態は非常に強かったので，怒りの爆発のあと，ロビンは罪悪感と恥ずかしさの気持ちでいっぱいになり，安全に厚く閉ざされた自分自身の心に逃げ込んで，鍵をかけてしまうのだった。

◆　　◆　　◆

　このロビンの例から，私たちは**恐怖**と**想像**の関係において浮かび上がる難しい側面をいくつか垣間見た。もっとも広義には，人間のセキュリティシステムに主要な欠陥が見える。人間の安心はアタッチメントシステムに依存しているが，このシステムは，よくてせいぜい主観的，悪くするとゆがみを起こす傾向がある。養育者の人生経験は脅威評価の主観性を形づくり，それが親としての仕事，つまり親業のガイドとなるだけでなく，子どもの一部として内在化される。

　脅威評価における主観性は動物の種としての私たちにとって有益なものであった。すなわち，幼児期や児童期における安心は私たちの生来の恐怖に頼るだけでなく，私たちの庇護者がこれまでに学んだ**恐怖**の経験にも依

存するからである。私たちの種は適応できたから生き残ることができた。いかにして生き残るかを判断する柔軟さの上に構築された適応である。だが残念なことに，この脅威評価の柔軟さは，養育者の人生のトラウマ経験によってゆがめられやすくなるという弱みでもある。

　子どもの手をとって通りを渡ろうとしている親の経験を例にとってみよう。もしその親が，以前子どもが車に轢かれた場面を目撃したことがあったとしたら，親にとって，そして究極的にその子どもにとってどんな違いが出るだろう？　子どもが毎日のように交通事故に遭っていることを誰でも知ってはいるが，もし個人的にそのようなトラウマに悩まされていたとしたら，子どもをもつ手を限りなく強く握りしめるだろう。

　トラウマは，とくに**恐怖**を中心に私たちを根底から形づくる。しかも，私たちがよく目にするのは，影響が複数の領域にまたがって広がることである。言い換えれば，子どもが交通事故に遭うところを目撃した経験のある親は，通りを渡るときに過度に制御的になるだけでなく，広く人生においてもやはり過度に制御的になり得る。

　ここに，**恐怖**と**想像**とのあいだのつながりにおけるもう一つの難しい側面が見える —— 安心を維持するために私たちがこの関係にどこまで努力できるかということだ。そして，もし私たちの安心が，私たちの主たるアタッチメントの対象となる人物との関係調和に結びついているとすれば，これらの関係に対する私たちの脆弱性は非常に高くなる。ロビンに代表される多くの人々にとって，これは，アタッチメントにおける調和を保つと同時に，個人的な目標達成を進めていくという実現不可能な課題をもたらす。このとき，**想像**はもっとも攻撃にさらされやすくなる。

　私たちの安心の感覚は発達経験に根差しているので，私たちが乳幼児期から児童期を経て青年期にかけて経験する事柄は，危険を学ぶうえで直接影響があるだけでなく，最終的に私たちがどんなに人間になるのかにも大

きく左右する。心理的な安心は自己の感覚をもつことの基礎となるものである。子どもの時期にもし私たちが不充分な監督，ネグレクト，あるいは育児放棄を経験したならば，バランスの取れたアタッチメントの感覚，すなわち「安定型アタッチメント」と呼ばれるものを完全に内在化できなかったかもしれない。そしてこれがなければ，欠けているものを回復しようと試みる状態が続くことになる。これが問題となるのは，**恐怖**は触れるものすべてを変えるからだ。未解消の不安は私たちに，命を握る手にもっとしっかり力をこめるよう駆り立て，ついには文字通り命の息の根を止めてしまうまで締めつけてしまう。子どもが車にはねられるのを防ぐことはできるかもしれない。しかし，そのプロセスのなかでもし私たちが子どもの自由と**想像**の感覚を腐食させるなら，私たちが本当に得たものはあるだろうか？　そして，ロビンの例で見たように，**恐怖**は，私たちに**想像力**と生命力を生存の祭壇にささげることを強いるという，ある種の屈従を私たちに要求する。

　悲しいことに，人間はそうした喪失状態に一生涯居続けることもある。目的と達成は喪失し，好奇心と**想像**はほとんど機能しない。いったい私たちの何人がそれと気づかず生きているだろうか？　だが，今私たちが疑問に思わなければならないのは，**想像**がこのような形で心理的に隅のほうへ押しやられるとき，それはどうなってしまうのかということだ。私たちには失われてしまったものなのか？　壊れてしまったのか？　また手に入れることはできるのか？　もしできるなら，どんな修復が必要なのか？

7

想像革命

「科学は世界をつくり変えるよう
運命づけられていたが，
黎明期には敬意よりも笑いを誘った」

エドワード・ドルニック （サイエンスライター）

　私たちは第6章で，**恐怖**が個人にとっても社会にとっても抑圧的な性質
をもつことについて見てきた。中世のころには，好奇心から感じる心地の
悪さ，究極的には**想像**から感じる心地の悪さが，人々の心を閉ざしてしま
ったとわかった。確かにこれは，教育や著作物出版が制限された結果であ
るが，それだけではないと思う。人間の心は**恐怖**の力の前に集団として屈
服した。しかし，今ある私たちから見れば明らかなように，この闇は永久
には続かず，文明としてついに何かが人類のために動いた。

　この変化は起こるべくして起こったのかもしれないし，中世の抑圧はい
ずれ当然のように終焉を迎えていたのだろう。私がこのように考えるのは，
私たちを社会として駆り立てる多くのものが，「成長は人間としての動物
種にとって固有のもの」という先入観をよりどころとしているからであ
る。科学，文化，医学，そして進化の偶然性さえも，「進歩は少から多へ，
悪から善へ，低から高へ，暗から明へと前進するもの」という不文律のも

とで発展してきたと考えられる。成長を信じたいという切なる欲求が私たちの人となりに深く染み込んでいるために，私たちが乗っているバスを運転席で操っているのは，実はまぎれもなく**恐怖**なのだとは気がつかない。

　メディア評論家ダグラス・ラシュコフは彼の著書 "*Throwing Rocks at the Google Bus*"（2016年，邦題：グーグル・バスに石を投げる）のなかでこの考え方に賛同し，人々がもつ経済成長への衝動とそこに潜む破局について警告している。彼の最新作 "*Team Human*"（2019年，邦題：チーム・ヒューマン）のなかで彼はさらに踏み込み，「こうした盲目的傾向は私たちに経済面で影響をおよぼしているのみならず，私たちの人間性そのものを脅かしているかもしれない」と述べている[97]。私がラシュコフの警告につけ加えるとしたら，社会としての私たちは**想像**が進歩という形で勝利したと信じているが，現実はそれほど単純ではないということだ。

　聖アウグスティヌスのあと，社会崩壊をもたらした**恐怖**の力は消え去ったわけではない。**想像**は束縛を断ち切ったかもしれないが，歴史に目をやれば**恐怖**が今も力をもっているのは明白だ。

　数多くの私の患者は，自分たちの生育歴を振り返るのは時間の無駄のように思っている。最近，その患者の一人が次のように言った。「今現在のことで問題をたくさん抱えているのに，なぜ過去の心配事に悩まされなくちゃならないのですか？」。今直面している問題に取り組むのは大切だとは思うが，今抱える問題の解決のために過去を振り返ってみるのが必要なこともよくある。発達の初期段階に経験する出来事は，私たち一人ひとりにとって必要な適応をするように求めるが，長い目で見ればこの適応は時に，私たちを望まない人生経路に導くことがある。たとえば，もし私が患者に，「あなたは自分のことは必ず自分でやりたがる人で，他人に助けを求められない性格のようだけど，この傾向はいったいどうして出てきたのでしょうか」とたずねると，「覚えている限り，ずっとこうですから」と

返ってくる。確かに，この点で私たちはそれぞれ異なる気質をもってこの世に生まれ出てきたかもしれないが，他人に助けを求められないのは，助けを求めたけれど思うほどうまくいかなかったという子どものころの経験が原因なのはまず間違いない。人類の発達の歴史を振り返ることは，生き残るために何が必要だったのかを把握し，これらの適応の長期的コストを計算するのに役立つ。

　それはこの本を読んでいる私たちにも同じことがいえる。私の見るところ，500年前に**恐怖**と**想像**のあいだで成立した歴史的サイクルを調べてみることは，私たち人類を種として形成したものを理解するためだけでなく，機能不全のパターンが繰り返されるのを防ぐために今日どう再調整できるかを知るための好機でもある。**恐怖**と**想像**の歴史は消滅からは程遠いと私は主張したい。**恐怖**と**想像**は今もなお私たちの内面で争っており，両者は今もなお私たちの社会を形づくっている。だからこそ，私たちを中世暗黒時代の外へと導き，**想像**に重心を戻すために何が起こったのかもっと深く調べてみたい。

当時の人間性

　中世暗黒時代から脱け出てきたときの人間の生活がどのようなものだったか想像するのは難しい。風呂でからだを洗うこともなく，人の排泄物は溝のなかで山のように溜まり，罪に問われた魔女は数百人単位で処刑され[98]，そして1666年のロンドン大火，1665年と1666年のペストの大流行は神の怒りの証しとして受け止められた[99]。

　自然界についての理解はあまりに乏しく，事あるごとに奇想天外な思想が知の空白を埋めていった。生命の活動，物体の運動，身体の働きなどすべては，現在私たちが迷信と呼ぶものを通して理解された。話によれば，

111

哲学者デカルトでさえ，殺人犯の罪はその者を犠牲者の近くへ連れてくることで判定できると信じていた。殺人犯が近寄れば犠牲者の傷口から新たに血が噴き出して罪の証しとなる。デカルトはそう信じていた[100]。

1600年代に新しく出現した職人階層——今でいう中流階級，ただし一段階上ではあるが——の生活ではなお移動の機会をほとんど与えられず，誰しも自分の場所をわきまえていた。商人は徒弟制度あるいは家業の仕事を通して専門技能を学び，正式な教育を受ける必要はなかった。ほとんどの人にとって読み書きは必要でなく，まして農夫や流浪の労働者といった人たちにとっては縁遠い代物だった。イギリスで最初の製紙工場ができたのは1600年で，印刷物はほぼ皆無だった。

17世紀の宇宙論では，地球と人間はこれ以上ないほど天国から遠く離れた存在だと理解されていた。そして，地球は宇宙の中心にあると信じられてはいたが，どちらがどちらの中心であろうが，そのような違いは大したことではなかった。これはたぶん，私の患者でアルコール依存症の男性が自分のことを指して，「自分は宇宙の真ん中の排泄物だ」と言ったのにちょっと似ている。この卑しい場所，その当時私たちが住み家とした宇宙の中心でじっと動かないこの場所は，聖書ばかりか，人々の生活のなかの汚物と堕落によってさらに強固なものとなった[101]。

何が変わったのか？

暗黒時代を啓蒙時代へと最終的に転換させた変化は，17世紀の出来事にもっとも顕著に結びついている。それらの出来事は，一つにまとめて科学革命と呼ばれ，アイザック・ニュートンはこの転換の父と考えられている。この時代は，数学，天文学，そして生命科学における偉大な発見が私たち自身と宇宙について新しい，より正確で合理的な理解を私たちにもたらし

た時代であった。新しいレンズの発明によって、私たちは水の一滴のなかに隠れた生命を見て、遠く宇宙まで視界を広げることができた。私たちは生体構造の複雑な細部を発見し、そして地球は宇宙の中心ではないことを学んだ。ニュートンは光と色の性質を明らかにし、微積分法を考案し、さらにすべての存在物を支配する基本的な法則を私たちに与えた。彼は世界を「数学化」したのだ[102]。まぎれもなく、**想像**がそれまでの拘束を断ち切って自由になる方法を見つけたことがこれからわかる。

　しかし、ニュートンが表舞台に現れるよりもはるか前、1600年代の初頭に、ニュートンの業績の基礎を築いていた一団があり、請願書をもってイギリス国王チャールズ2世に申し入れを行った。彼らは知識の進歩のために協会を設立したいと願い、そのために国王の賛意を望んだ。彼らはそれを王立学会（Royal Society）と呼ぶことになる。

　いうまでもなく、王立学会の創設に気がついた人はほとんどいなかった。集会に参加したのは、目の前にずらりと並ぶ奇妙なもの、不思議なものを楽しみに来た上流階層のエリートたちだった。この時代を研究する歴史家も指摘するように、初期の王立学会が企画したものといえば、せいぜい自然界の奇形の陳列や野蛮な拷問の実演などであった[103]。動物は麻酔も与えられずに切り開かれ、肺は韛（ふいご）で膨らまされた。異種の動物間で輸血が行われ、イヌやネコには毒が与えられ、見物人は目を輝かせて驚嘆した。イヌやネコが新しく発明された真空部屋で窒息死させられ、ありとあらゆるグロテスクなものが新しく発明された顕微鏡のレンズを通して観察された[104]。学会に足しげく通い、ついには学会長となるサミュエル・ピープスは、彼の日記のなかで何やらうれしそうに、「流産した子どもが食塩精（塩酸溶液の古い言い方）のなかで保存されているのを見た」と記している[105]。

　王立学会はまさに、娯楽と科学とサディステックな快楽が混じりあった奇妙な集まりだった。学会の活動に余興の要素があったことは驚くに当た

らない。学会が生まれる前の中世では，公開処刑，懲罰，解体は日常茶飯事だった。王立学会の創設が一気に17世紀の社会意識に変化をもたらしたと考えるのは間違いであろう。

　私が以前論じたように，社会変化は社会を構成する個人の集団的心理状態に依存している。確かにニュートンの大発見の功績は認められるべきであり，王立学会がその大発見のための基礎を提供したのも功績である。しかし，疑問に思う心の権利をほんのわずかだが動かすことになんとか成功したのは，もっとずっと無名の人である。

◆　◆　◆

　フランシス・ベーコン卿は17世紀中ごろ貴族の家系に生まれ，ケンブリッジ大学のトリニティ・カレッジに至るまで一貫して正式な教育を受けた。1597年，彼はエリザベス女王の第一顧問官に任命され，当時影響力のある政治家人生を送った。ベーコンはまた，科学に無理やり限界を設けたことが妥当だったのかどうかについて疑問を抱き始めた。彼は，経験主義が社会に大きく貢献できると信じ，またそれを禁じることが，世界をよくしようという私たちの妨げになっていると信じた。ベーコンは想像する方法を見つけたようだ。

　具体的には，ベーコンは人間と自然，人間と実験との関係に対して新しい青写真を描いた。彼は，学習が怠惰を招き，人々を下品にし，不道徳にし，不法なものにするなどの多くの批判を論破した。そのうえで，科学のみならず，人間の知識との関係について新たな展望を提供した。彼は，学ぶことの禁止，思い上がることへの警告は，不必要で不正確なものだと考えた。

　ベーコンは，科学のすべては私たちの神に対する愛の証明であるという考えを押し通した。しかし，一方で聖アウグスティヌスと違い，神への献

身のゆえに私たちは無知でなければならないという考えを拒否した。この
ことは，1620年の著作のなかで彼が引用した次の箴言に現れている。「こ
とを隠すのは神の誉れ，ことを探し求めるのは王の誉れ[106]」。歴史家ピー
ター・ハリソンは，科学との関係におけるベーコンの神への畏敬は誠実な
ものだったと無理なく信じてよいものかどうかに疑問を呈している[107]。も
ちろん，この疑問に答えることは難しい。だがいずれにしても，ベーコン
は教会，聖書，あるいは聖アウグスティヌスへの直接攻撃を避けることに
成功した。好奇心の罪深い本質を擁護するのではなく，ベーコンは議論の
方向を鮮やかに転換し，科学へのきっかけとなる動機づけとして好奇心に
代わるものを示した。好奇心ではなく慈善が知識と科学的革新への欲求の
動機づけとなるべきであると提言したのだ。ベーコンの意味する慈善とは，
科学的努力の果実は神の創造物へ恩恵をもたらし，科学の追求は神のなせ
る業を追求することだという認識だった。彼は，科学者をして「自然から
滋養を採取し有用なものをつくり出す蜂のようであれ」と言った[108]。

　ベーコンは，実験と文書資料に立脚したアプローチを通して楽観主義を
迎え入れた。また彼は，科学を表す標語は，「これより先に何もなし（ne
plus ultra）」から「さらに先へ（plus ultra）」へ変わると提言した[109]。さ
らに彼は想像力あふれる華麗な表現で，「かくして我々は，世界の外なる
境界のいかなる終わりも心に思い描くことはできない……その向こうに必
ず何かあるはずだ」とも言った[110]。

　実験し，革新することへのいざないを通して，ベーコンは17世紀の人々
へ，自分たちのために，自分たちについてもっと考える道を開いた。そし
て，このことを理解するうえでもっとも重要なのは，ベーコンが人間の可
能性を新たな高みへと導き始めたことである。

　ベーコンは社会セラピストともいえる存在だったと私は思う。彼は患者
よりもずっと早く変化を予見した。ベーコンに似て，私たちセラピストは

精神分析家ジェームズ・フォサーギなどが患者の「前縁」と呼ぶものを認識する手助けをする[111]。これは，患者の通常の発達が彼らを導いていく場所のことであり，ベーコンが17世紀の世界のために後押ししたものでもある。彼は知識に関する時代遅れの哲学的基礎を受け入れることに対して警告したのみならず，人間は無知で汚物にまみれてはいるが，価値あるものだと断言した。彼は仲間に，「即座にそして突然心を打ち，そして内に入ってくるもの」によって想像の胸は高鳴ると告げた。表面の汚物の下に，ベーコンは**想像**する能力をもった心の美を見た[112]。ベーコンは私たちを汚物のなかから救い出し，私たちの濡れてふやけた脳を乾かしてくれた。

　ベーコンが明瞭に理解したように，**想像**は自己と自己価値の経験に深く関わっている。だがそれ以上に，**想像**を解放するという彼の構想は人間を自然との，そして光との新しい関係へと導いた。自然は手を伸ばせば手に入るところにあり，「ある種の天与の火ともいえる心によって」当然の権利として支配できるものであるとベーコンは信じた[113]。そしてそのあいだずっと，ベーコンは，「科学の務めは黄金のためにでも，銀のためにでも，宝石のためにでもあるのではない。ただ，神の最初の創造物，すなわち光のためにのみある。そう，世界のあらゆる場所が成長するための光を手に入れるために」と提言した[114]。ベーコンは，神が最初に創造したもの，すなわち光への忠誠を通して自らの不徳に帰属することに対して抵抗したが，この力関係がいかに**恐怖**に対する彼自身の脆弱性を表すものか，次の章で学ぶ。ベーコンの光への献身は私たちの自立の宣言であり，同時に私たちの不安の声明でもある。

8

恐怖のパラドックス

「問題は，もしあなたが
なんのリスクも負わなかったら，その分かえって
リスクが大きくなるということなのです」

エリカ・ジョング（小説家・詩人）

　ニューエイジ*・スピリチュアル系の作家，マリアン・ウィリアムソンは，「私たちが一番恐れるのは，自分のなかにある闇ではなく光だ」と述べた[115]。気になるのは，この引用がしばしば誤ってネルソン・マンデラのことばとされることだ。「気になる」と言ったのは，マンデラと自由を求める世界の闘いとは切り離せないものであり，そして知っての通り，光は比喩的にこの闘いに不可欠なものだからである。

　私はマリアン・ウィリアムソンから引用したことばが大好きだが，おそらく読者が想像されるような理由からではない。彼女がこのことばで何を意図したのか私には断言できないが，私の感覚として，ウィリアムソンは，私たち人間は自分たちに特有のすばらしさとして根拠のない恐怖に苦しんでいることを伝えようとしたのではないかと思う。彼女は，私たちの内面

---

*20世紀後半に現れた自己意識運動。霊性や精神性の向上を目的とする思想に基づくことが多い。

にある力としての光は恐れるべきものではないこと，また，うわべだけの謙虚さは私たちが自分自身であるための真の権利を代替するものにはなり得ないこと，そして最後に，光を輝かせることは私たちの権利以上のもの，それは義務であるという彼女の信念を伝えているのだ。

ウィリアムソンのことばにあるように，**恐怖**の制約から私たちの心を解放すること，それがこの本のなかで私たちが探究しているものの中心を成している。古代ローマ帝国の没落のあとの好奇心と知識に対する社会的抑圧は，闇が光に勝利する手立てとなった。そして，それから千年続いた闇のあと，「科学革命」の**想像**の光と知識は拘束を断ち切った。ここまではうまく運んだ。

しかし，ウィリアムソンのことばに対して私が関心をもったのは，私たちにとって潜在的に盲点となるものがあるのではないかと考えていることに端を発している。というのも，数多くの人々が個人の光を小さく絞っていくことで不必要に苦しんでいるとする彼女の考えは的中しているものの，一方で過剰な光から生まれる，目に見えない逆説的な危険が存在するのだ。太陽のやさしい暖かささえ，ついには私たちにやけどを負わせるということについて，私たちはここからさらに探究しなければならない。

◆　◆　◆

この本のはじめの方で，私は**想像**が**恐怖**の監督の下に育ってきたことを説明した。**想像**が学んだ最初の仕事は，暗闇のなかを覗き，予測し，準備することが必要というものだった。そこから始まって，**想像**は，脅威の感知，防衛，攻撃のために必要な数えきれないほどの革新をもって**恐怖**に力を貸してきたように見える。望遠鏡からCTスキャン，弓矢から原子爆弾に至るまで，私たちの文明が発明したほとんどのものは安心を推し進めることに焦点が当てられていた。事実，多くの場合，文明それ自体が，この

恐怖と**想像**の結合 —— 軽はずみにとらえてはならない，暗闇のなかで成立した結合 —— から生まれてきたものだといえる。言い換えれば，**想像**はその起源から，**恐怖**の印影を帯びているのである。

　しかし，**想像**が闇を解決する仕事を与えられたとき，思いがけないことが起こった。暗闇の本質的な特性，すなわち不確実性と不可知性が危険を隠蔽するベールとなったばかりでなく，その特性自体が危険を内包し，かつそれ自体が危険として存在する新しい形となって現れた。暗闇のなかに存在するかもしれない具体的な恐怖は，制御できない，知ることのできない，そして究極的に完全ではないものすべての比喩的な恐怖へと一般化された。暗闇への恐怖から生じるこの比喩的な経験は，安全でいたいという当然の欲求を，かえって逆説的な危険の増大へと変容させた。

　以上を念頭に，闇の解決にはどんな危険が伴うのかをもっと詳しく見てみよう。

目をくらませる光

　私の臨床業務と研究から，暗闇に対処しようとする個人的，社会的な試みには二つの要素が作用していることがわかった。一番目を「光のキュレーション（情報を収集，整理，公開する）」，二番目を「暗闇の根絶」と私は呼ぶ。ここでこの二つをある程度個別に取り上げるのは有益なことだが，実際にはこの二つは全体を構成する各部分である。

　光のキュレーションとは，もし私たちが「十分な数のろうそくを灯せば」，すなわち，充分に賢明になり，充分に豊かになり，充分に技術的に進歩すれば，私たちはいずれ暗闇の成り立ちそのものを変えられると**想像する**ことによって，暗闇の危険を無力化し，私たちの不安を和らげようとする，一見害のないやり方である。

暗闇を根絶するとは、目に見えない危険を根こそぎにするよう意図した、より攻撃的な戦略である。たとえば、癌、コレラ、ペストなどの見えない殺し屋を絶滅させるための努力のように、本質的に大変積極的な働きかけがほとんどである。この根絶やしにするやり方は、私たちの安心感を高めたのは疑いもないが、同時にこれは、拷問にかけたり、自白を引き出したり、オンラインプライバシーに侵入したり、悪霊の悪魔祓いをしたりするための新しい、より優れた方法が破壊的に発展する環境を生みだした。これに似たことは現在でも、医療目的の治療のために行う「手当て」や、多くの人が「洗礼」を通して新生児の罪を清めることに望みを託すなどの儀式に見られるといえるかもしれない。暗闇の根絶は私たちにより大きな安心を与え、同時に私たちから人間的なものを奪ってしまった。

　暗闇の根絶運動と並行して、私たちはもっと光を取り入れようと努力する。第7章で見たように、このキュレーションの多くは、知識の拡大を通してもたらされた。知識の光で暗闇を変容させたいという私たちの欲求は、自然界の仕組みを解き明かし、分類し、説明するように私たちを突き動かした。私たちは、因果関係の「いかにして」、「なぜ」、「いつ」、「どこで」を追求していく。

　技術革新は、世界にもっと輝く光をもたらそうとする私たち人類の努力にも顕著に見られる。私たちの発明の多くは、進歩の光によって安心を得たいという願望の影響を受けている。こうした革新の多くが文字通りの意味で私たちの社会のなかの光を形づくる。たとえば、火を起こすための火打石の使用、オイルランプに使うクジラの脂身からとった鯨油、白熱電球の発明、そして今は長寿命のLEDである。

　技術はまた、さまざまな発明で人類の光への欲求を比喩的に満足させようと試みた。たとえばGPS、心臓や運動モニター、腹腔鏡手術、印刷機、宇宙旅行、パソコン、iPhone、視力矯正レンズなどの発明である。私た

ちは，よりよく見ようと，もっと開放的に自分たちを表現しようと，そしてまさしく宇宙の最果てまで届くように心の範囲を広げていこうと努力する。電球に適したフィラメントを見つけようと一万回も試行錯誤したエジソンの物語は，一人の完全無欠の英雄が恐れおののく人々の心を落ち着かせるために天界の光をもたらしたという神話を思い起こさせる。

　しかし，こうして努力するなかで私たちが気づかないのは，光のあとを追い，暗闇を征服するにつれて起こる陶酔だ。これは道徳的正しさとしての正義への陶酔であり，**恐怖のパラドックス**という非常に大きな悪影響をもたらすものだ。

　私たち個人レベルでは，この正義の光は完璧の追求という実に心もとない行為を通して形になる。ダイエット，栄養サプリメント，ヘリコプターペアレント（過保護で子どもを過剰に監視する親），流行ファッション，大学生の小論文を個別指導するチューター，自己啓発の書籍類，パーソナルトレーナー，美容整形，そして善と罪に関する宗教命令などはすべて，私たちが完璧であろうとする努力の現れであり，ほとんど無意識のうちに起こるもので，善意の光のなかに隠されているものだと思う。そして完璧は不可能であるから，私たちが引き出せる唯一の満足は，正しいことをしているという信念だけである。

　私の見るところ，光との関係へ正義を注ぎこもうとする人々の行為には，ずっと昔から光が安心と結びついていたことに原因がある。人類にとって安心には非常に高い価値があり，そこに光は不可欠のものであったから，光の追求が「善」の衣をまとったのも不思議ではない。不幸にも，私たちは光を強め安全性を高めようとするのと同時に，美徳の感覚が膨らんで自己満足に浸る。こうして人は傷つけられるのだ。

◆　◆　◆

1945年，スコットランドの医師で科学者，アレクサンダー・フレミングはその年のノーベル賞の授賞式で参列者を前にスピーチを行った。フレミング博士はペニシリンを発見したことで賞の栄誉にあずかったのだが，私はそれに「ペニシリンという新たな武器を手に入れた」とつけ加えたい。多くの点で，このスピーチは一種の勝利宣言であった。

　いろいろ読んでも，いったいいくつの命が彼の発見によって救われたか，見当もつかない。私が目にした推定値では8,000万から2億のあいだといったところだろうか。ペニシリンが発見されるまでは，ちょっとしたかすり傷さえ命取りになり，出産や手術は大変な危険を伴った。抗生物質の使用は乳児の死亡率を低下させ，同時に，手術を行える疾患の種類と程度を拡張することに大きく貢献した。だが，ペニシリンの採用と製造が初期の段階で真の本領を発揮したのは，第二次世界大戦で戦った兵士にとっての価値だった。細菌性肺炎からの死亡率だけでも18パーセントに達した第一次世界大戦時の惨状と異なり，人類はついに，私たちの限界や隠れた敵を打ち破る武器，連合国の殺傷能力を高める武器を保有した。

　連合国は戦争に勝利し，その勝利に対するフレミングの予防医学者としての貢献は著しいものだった。ノーベル賞授賞式での彼のスピーチは，ペニシリンの発見に至る草創期と初期段階における治療への利用に至る道をたどるものである。だが，今になって注目すべきは，フレミング博士が次のような警告でスピーチを締めくくったことだ。「バクテリアは学習が早いので，過少投与には注意しなければならない」。

　彼のスピーチには，明らかに先見の明があった。現在，私たちは，過少投与に対する彼の警告が正しかったと知っている。ニューヨーク・タイムズ紙の記者マット・リヒテルとアンドリュー・ジェイコブスは，最近のニューヨーク・タイムズ紙の記事のなかで，薬物耐性の重大な危険性について報告している[116]。過剰な数の処方箋発行に加えて，ジェネリック抗生物

質が氾濫している危険も指摘されている。ジェネリック抗生物質は中国やインドで製造されることが多く，行先はケニアのナイロビにあるキベラなど発展途上国のスラム街だ。キベラはアフリカでもっとも大規模な都市スラムといわれており，住民の数は50万人から200万人と推定されている。貧困，劣悪な衛生状態，飲料水の不足から，ここはあたかもこの世の地獄である。

　キベラの住民には医者にかかる経済的な余裕はなく，その代わり地域の薬局を訪れる。薬局は薬を売るだけでなく，病気の診断をし，薬を処方する。だが，訓練や教育を受けておらず，診断は不正確で，処方は不適切なことがよく起こる。また，たとえ感染症への処方が効いたとしても，患者は必要な量あるいは必要な期間投薬を続けられない。その結果は，フレミングが警告した「賢くなったバクテリア」である。

　バクテリアがどれだけ「賢く」なるか，いい換えればバクテリアが私たちの存在に対してどこまで脅威となるかを考えるうえで，米国疾病予防管理センター（CDC）による推定値に注目することは意味があるだろう。CDCによると，現在アメリカ合衆国で一年に280万人が抗生物質耐性バクテリアに感染し，そのうち35,000人が死亡すると推定される[117]。

　毎年新種の耐性バクテリアが発見され，なかには非常に危険なものもある。最近では，「カンジダ・オーリス」と呼ばれるパンデミック真菌が世界中に広がっている。カンジダは識別するのが難しく，病院でも広がり，弱まった免疫システムを餌食にする。リヒテルとジェイコブスによって確認されたケースでは，ある高齢者が感染症で死亡したが，菌は死亡した男性のからだのなかや病院内で生き続けた。二人の報告によると，病院では特殊な洗浄装置を必要とし，そのうえ，菌を完全に除去するために天井と床のタイルを取り除かなければならなかった。カンジダは主要な抗真菌処理にも耐性を有し，今や世界でもっとも危険な難治性の感染症である。早

期に対策が取られないと，抗菌耐性による死亡は年1,000万人に達するという30年予測もある。そう，毎年1,000万人が亡くなるのだ。

　要約すると，私たちは，目に見えない敵，すなわちバクテリアの問題に対して，**想像**の光を当てた。バクテリアを根絶やしにする優れた解決策，ペニシリンを見つけたのだ。しかし，バクテリアを攻撃する明快な発明の衝動の裏には，バクテリアだけでなく，それが象徴するもの，すなわち比喩的な暗闇を除去したいという二次的な欲求があった。そしてこれは，崇高だが実現不可能なゴールとなった。ペニシリンから始まって，ずらりと並んだ膨大な数の抗生物質，手を洗うという常識的な行為から，絶えず手指消毒剤を噴きかける行為に至るまで，私たちはバクテリアを不必要なまでしつこく追い掛け回した。そして，ついに追い詰められたバクテリアに残された唯一の自衛手段は攻撃することだけだった。

　これが**恐怖のパラドックス**である。バクテリアのもつ死に至らしめる力と戦う努力は，バクテリアをさらに強力なものにしただけだった。そして，新しい耐性菌株が見つかるたびに，人類は新しい，これまでのものよりさらに強力な抗生物質を考え出す。比喩的な暗闇を根絶やしにしようとする努力は，実際には暗闇をさらに強力なものにするだけである。

◆　◆　◆

　恐怖のパラドックスが役割を演じる例は数限りなくある。私たちは社会的にもっと強くつながることで得る安心を切望し，結局手にしたのは偽情報，ネットいじめ，そしてプライバシーの喪失だった。自分の子どもたちを大学に入れるために行く手から障害物を取り除こうとする親の努力は，愛情あふれ，子どものためにと思う親を，大学合格を金で買うという不正もいとわない人へと変貌させた。そして聡明で良心をもったアルバート・アインシュタインでさえ，第二次世界大戦中にナチスドイツが進めていた

原子爆弾計画に怯えるあまり，自ら原子爆弾の製造を提唱するに至ったことを忘れてはならない。その爆弾は正義の名のもとに使用され，何十万もの人々の命を奪った。

　私はこのような事例を用いて，どこかで何かが間違ったことの唯一の原因は**恐怖**が**想像**に及ぼす影響にあると提起しているのではない。もちろん，ほかの数例を挙げるなら，無知，強欲，自己愛も同じ役割を果たした。しかし，どれほど多様な影響があろうとも，**恐怖**と**恐怖**の**想像**に対する逆説的な関係がもっとも主要なものだと思う。そして，私たちが考えるべきさらに重要なことは，こうした悪影響が文化的，社会的な影響だけに限られたものではなく，私たち自身の生活のなかにも存在している点である。

世界のてっぺんで

　私が患者のボブに初めて会ったとき，彼はソフトウェア会社のサポートデスクで働いていたが，心配が高じて仕事が手につかなくなっていた。彼にとってセラピーのゴールは，もっとお金を稼ぐ方法を見つけることだった。もしもっとお金があれば，自分はこれほど不安になることはないと信じ切っていた。だがそこから浮かび上がってきたものは，ボブは不安の背後に，自分の人生のすべてのものが消滅していくという深い恐怖を抱いていることだった。

　知り合ってしばらくして，ボブは自らのことを明かすようになった。5歳か6歳のころまで彼の家はとても裕福だったが，突然変化が襲った。両親は決して経緯を語らなかったので，何が起こったのか彼にはよくわからなかったが，はっきりしているのは，家族があの「大きな家」を出る「前」の時期と「あと」の時期があったことだ。その後の数年間，ボブたち一家にはひどくつらい状況が続いた。ボブが思い出すのは，おなかをすかして

ベッドに入ったこと，真夜中に，おそらく家賃の滞納で，住んでいるアパートから出ていかなければならなかったことだった。

　面接を始めた当初から，こうした経験が大きなトラウマになっているのは明らかだった。なかでも最も深刻であると思われたのは確実性の喪失だった。ボブにとって，お金が安心の同義語となり，だが同様に安心の喪失は「わからない」ということの同義語になった —— 次の食事はどこから来るのだろう，母や父はいつか自分のもとから去っていくのだろうか，当時の彼にはわからなかった。彼の話では両親が彼を見捨てると脅したことは決してなかったようだ。だが，その事実はともかく，子どもの彼は見捨てられることを恐れた。

　時間をかけ心配りをしながら，ボブと私はゆっくりと，貧困の数年間に起きたもつれをほどくことに取り組んだ。すべてを失ったあとの両親のストレスは，彼らを予測もできない脅威へと変え，ボブは薄氷を踏む思いで両親に接した。ボブの心配と不安を探っていくうちに，私たちは埋もれた記憶とほとんど耐えることのできない感情的苦痛にたどり着いた。彼の安心の感覚は足かせをはめられ，彼はお金が自分を救える唯一のものだと信じた。だが不安に加えて，ボブと私は意識下に沈んだ大きな怒りと強烈な復讐の幻想を見つけた。

　この段階で私たちが取り組んだのは，実に長いあいだボブが否定してきた激しい感情，なかでも深い怒りの感情を許容できるようにすることだった。取り組みは順調に進み，ボブが前よりも不安を感じていないのは明らかだった。この取り組みが続いていたある日，面接の最中に，父親に対して復讐する自分が**想像のなか**に浮かんできて，心を占めていった。心のおもむくままに想像を広げるよう促すと，彼が見て感じているものを話し始めた。最初，まるで**想像上の**誰かの首を絞めているような，心の底から湧き上がる苦痛に満ちた怒りをあらわしていたが，悲しみ以外何もない，静

かな，ほとんど平穏ともいえる場所へと移って行った。ことばはなく，彼はただ，まるでスローモーションのようにかぶりを振った。まるで「だめ，だめ，だめ」とでも言うように。そしてそれと同時に，「僕の妹……僕の妹」と言いながら，目には涙があふれた。

　しかしそのことばを聞いても，彼が何を言おうとしているのかわからなかった。もう一年以上面接を続けていたが，妹の話を聞いたことはなかった。そこで彼は唐突に涙をぬぐうと，背筋を伸ばして座り直した。

　私が，**想像のなか**に現れた父親に会ったときどんな感じがしたか確かめると，彼は「変なんですよね。考えたこともなかったので」と言った。さらに私は慎重に「妹さんのことを話すのを聞きましたよ」と言うと，「ええ，おかしかったですね」と答えた。「あなたに妹さんがいたとは知りませんでした」と再度言ってみると，彼は「本当ですか？」と驚いた風で私にたずねた。省略したことに本人が気づいていないのは，明らかに意味があるようだった。

　この面接のあとの数カ月，ボブはそれまでの彼に似つかわしくなく面接に来ないことがあり，妹についての話もしなかった。そこで機を見て，面接をキャンセルしたことについて話してみることにした。「来なかったのは妹さんの話が出たのが原因かな」とひとり言のように声に出して言ってみた。すると彼は，「そんなことはないと思う」と答え，「たぶん，今自分が読んでいる本と関係がある」と言った。

　じきに彼がどんな本を読んでいるかわかった。それはスピリチュアルな自己啓発本で，成功と欲求を具体化するための前向きなアプローチを提供するものだった。どうやら，この本の著者は心理療法の熱心な支持者ではなく，読者に「過去に起こった出来事」について話をすることに焦点を当てる心理学的アプローチには懐疑的になるように警告していた。ボブは私に，自分には価値がないという自分のネガティブな「中核的信念」を変え

ようと努力しているところだと言った。この本は，こうした自己を制限する信念への解毒剤として，視覚化と肯定化（自己肯定。自分に対するポジティブな宣言）を提案していた。

　実をいうと私は懐疑的だった。これまで関心があるそぶりなど一切見せなかった，ニューエイジ・スピリチュアルに彼が関心をもったタイミング，今まで埋もれていた妹に関する記憶と思われるものの出現との符合，そして中断した面接，それらすべてが偶然の一致というにはあまりに意味ありげに思えた。少なくともそれが私の勘だった。

　それからの数カ月これといった変化はなかったが，ある日のこと，ボブが「重要な夢」のことで面接に訪れた。夢のことをそう呼んだのは彼だが，私もやがてそう思うようになった。夢について話す前に，彼がこのところ勉強している例の本を一冊ギフト包装して私にくれた。包みを開けると，心地よい香りがまわりの空気を満たし，ヨガと瞑想に熱心だった数年間を思い出して，私は彼にお礼を述べた。正真正銘心からの贈り物であり，彼にとって大事なものを共有してくれたことは，私にとって大きな意味をもつものだった。そこにはまた，悪意のない改宗の勧めのような，本当にかすかな気配も感じられた。

　ボブは夢について語り始めた。夢の最初の場面で，彼はセラピーに向かう途中なのだが，どうしても道に迷ってしまう。私のオフィスがある方へ向かって足を踏み出そうとするたびに，治安の悪い地域に立っている自分が見えたのだという。結局，知らない女性が現れ，彼を私のオフィスがあるところまで案内してくれた。新築のしゃれた高級タワーマンションの屋上階に，オフィスはあった。

　場面が変わると，そこは私の新しいオフィスへ上がるエレベーターのなかだった。彼が最上階のボタンを押すと，そのボタンの上に新しいボタンが現れるのだ。彼は一番上のボタンを押し続けたが，結局私のオフィスへ

たどり着けなかった。彼は思いあまってとうとう階段を上がっていくと，私のオフィスを見つけるかわりに，屋根の上にいた。

　そして三つ目の場面では，ボブは街を眼下に見下ろしながら地平線まで見渡していた。どういう訳か，彼の立っているところから世界全体が見えた。彼は地上を見下ろしながら爽快な気分にひたり，本当は，私のオフィスへいくつもりはなかったことに気がついた。屋根が完璧な場所だった。屋根の上に立ちながら，仕事で知り合いの男性の方を見て，そして淡々とつぶやいた。「最高の気分だ。世界のてっぺんだ」。

　私がボブに，夢についてどう思うか聞くと，たぶんそれはセラピーを終わりにしようと思っていることと関係があると答えた。「すべては順風満帆です」と言い，そして，私と最後に会ってからの二週間のうちに，彼の友達の友達がもってきたビジネスベンチャーに彼の蓄えのすべてを投資したという話をした。彼は，この投資によって自分は億万長者になると信じていた。それからしばらく，私は座ったまま，自分が何を感じているのか理解しようとした。セラピーを終了させるという彼の宣言は確かに唐突に感じたし，注目に値した。だが同時に，彼があれこれ話しているあいだ，私は奇妙な無能力感に襲われていた。私は自分を取り戻すまで少しのあいだ待ち，それから，「重要な夢」についてもっときちんと理解するまで，彼がセラピーを終わらせることについて話し合うのは控えることにした。私は静かに，「あなたにとって，夢のなかで一番際立っているのは何ですか？」とたずねた。

　「二つあります」と彼は言った。一つめは「ひどい地域」だった。これは彼がセラピーに来ようとしたとき足を踏み入れた場所のことだ。二つめについては，「それと，世界のてっぺんで最高の気分を味わっていた最後の瞬間です」と言った。

　それから私は彼に，この二つの夢の場面で彼の心に浮かんだものは何か

とたずねると，「たぶん，それは，あのグレゴリー・ペックが出ていた映画，彼は金持ちのギャングで，母さんと一緒にいて，それで彼は世界のてっぺんにいた，あの映画だったような気がします。子どものときに見た映画だったのを覚えています。妹が家を去った日に，父さんと見たんだと思います。あの大きな家に住めなくなった，ちょうどそのころのことでした」と答えた。

　そこですかさず，私はボブに，「妹さんについて私は何も知らない。君が妹のことに触れたのは，あの面接のとき一回きりだった」と念押しした。驚いたことに，彼は妹について全部を教えてくれた。

◆　　◆　　◆

　ボブの妹は彼より二歳年下で，重度の自閉症だった。子どものころの彼は妹思いで，妹の話をしているときは彼の顔に微笑みが浮かんだ。ボブは，妹が自分のサッカーボールをたいそうお気に入りだったこと，どこへいくにもそれをもっていき，ベッドのなかまでもっていったこと，そして一番大事なのは，それをはずませるのが好きだったことを話してくれた。ところが，ボブが6歳ごろのある日，大きな家の裏庭にいた彼の妹はお気に入りのボールを家のなかに忘れてきたことに気づき，いつもようにものすごく動揺した。ボブはボールを取りに家に駆け戻り，ボールをもって家から出てくると，妹へ向かってボールを蹴った。まずいことに，ボールは真正面から妹の顔に当たった。妹は手をかざしてボールをよけようとしなかったのだ。彼女は鼻が折れ，目の周りに黒いあざができ，唇が切れた。

　この話を聞きながら，私は，これはいたずらな兄の単なるおふざけだったのか，それとも自分の要求をいつも妹のために犠牲にしてきたことに長いあいだうんざりし，腹を立てている兄の無意識の行為だったのかといぶかった。

　話し終わるとボブは沈黙した。数分後，私が彼に今何を感じているのか
たずねると，彼は何も感じていないと答えた。彼は長いこと妹について考
えたことはなかったのだ。妹さんはまだ生きているのかとたずねると，次
のような会話が続いた。「いえ，妹は亡くなりました」「お亡くなりになっ
たのはいつのことですか？」「正確に覚えていません。サッカーボールの一
件からそれほど日をおかず，妹とは音信が途絶えました」「ああ，そうなん
ですね。それでそのあとどうなったのですか？」「妹は自閉症の子どもの施
設に入れられたんです。施設で妹に会ったのは一回きりです」。そこで一
息入れたボブを見ていると，私の目に涙があふれた。それに気づいたかど
うかはわからないが，彼は「実は，自己肯定に取り組む前は，妹に悩まさ
れていたんです。罪の意識です。でも今は，妹はたぶん私に何かを伝える
ためにここにいたんだとわかったんです。何か妙ですけど，ずいぶん長い
こと，私は自分のあのボールの一蹴りがすべての〈始まり〉だったと信じて
いたんだと思います」と言った。

　私が「なんの〈始まり〉ですか？」とたずねると，彼は「すべてを失った
ことです」と答えた。座って彼の話を聞いていると，断片が全部私の頭の
なかで渦を巻いて回り始めた。確かにボブは幼少期，過ごした家と裕福な
暮らしを失っている。それだけでなく，妹も失った。そして，妹にボール
を蹴ったことはどう説明がつくのか？　彼にそうさせた怒りについては？
さらには例の夢の件もある。

　ご存知の方も多いと思うが，夢と関連してボブが話していた映画は『白
熱』（1949年）で，主演はグレゴリー・ペックではなく，ジェームズ・キャ
グニーだった。主人公の名前はコーディ・ジャレット，グレゴリー・ペッ
クとは似ても似つかない反社会的ギャングだ。グレゴリー・ペックといえ
ば，たぶん私たちはみんな，『アラバマ物語』（1962年）の弁護士アティカ
ス・フィンチを連想するだろう。『白熱』では，ジェームズ・キャグニー

は高圧的な母親に幼児扱いされる。その母親は，息子に向かって，きっとあんたはいつか世界のてっぺんに立つわよと言って息子に乾杯する。物語は警察の追跡に追い詰められたキャグニーが巨大なガスタンクのてっぺんに立ち，それを自己破壊のように自分もろとも爆破する場面で終わる。彼は燃え上がる炎のなかで叫ぶ。「世界のてっぺんだぜ，母さん！」。

　残念ながら，彼の夢についてボブと話をする時間はあまりなかった。彼は話題を変えたがったので，そうすることにした。代わりに，彼は新しいビジネスベンチャーの話をし，どれほどわくわくしているか語った。私は懸命に彼の話に集中しようとしたが，心に浮かんでくるのは「自分の妹を追い出した」哀れな6歳の男の子のイメージばかりだった。

　その面接中に，ボブはセラピーを終了することを確認し，自分の決定を弁解するように言った。「私が何かを避けようとしているとあなたが疑っているのはわかっています。でもそうじゃないんです。すっかりよくなったからなのです」と言った。私には彼が誰かを説得しようとしているように聞こえた——私？　彼自身？　彼は続けて，「私には新しいビジネスがあります。これまで私のためにしてくれたことには本当に感謝していますが，私にはこれ以上必要ないんです」と言った。

　たぶん未来への希望について熱くなっているからだろう，ボブは彼のビジネスプランについて，もっと詳しく話してくれた。どうやら，不動産の購入に関心をもっている外国人投資家の話をもって，ボブに近づいてきた男がいたようだ。彼らはボブに，自分たちの身分を隠すためと，投資の利益を国外へ移すための巧妙な金融「パイプライン」を監視するために会社を設立するよう依頼した。ボブは名目上のチーフとなる。彼は「最高のアイデア」が**想像**のひらめきとなって現れたと言った。ボブが思いつき，それについて調査もしたアイデアとは，低所得者層の地域で賃貸不動産を買い占めるというものだった。タダ同然で物件を手に入れ，費用をかけずに

改修して住めるようにする。こうすれば，元の家賃よりも高い家賃で賃貸でき，「ぼろもうけ」できるはずだ。

　私がボブに，このビジネスをすることになって，将来どのような自分になるのか想像したことがあるかとたずねると，いぶかしげに私を見て，「どうかな。でも私がスラム街の家主になるなんて誰が考えたでしょうか？」と言った。それから自分の言ったことに気づいたようで，「でも私はよい家主になります。最高の家主です。人々がマイホームをもつ手助けをします」と言った。

　それからボブは時計を見上げ，「今日はこれくらいにしましょうか？」と言ったので，私は「ええ，いいでしょう」と答えた。

　ボブとの最後の面接で事態の展開に驚いたといえば控えめな言い方になる。以前から，彼をセラピーから遠ざけている彼の妹との関係について何かがあるという勘はあったが，妹の話，不動産投資計画，なかでも夢のことには正直あっけにとられた。

　夢は明示的な意味や助言を提供するものではないが，患者と接する私の仕事にはとても重要だと思っている。私にとって夢は**想像する**心が働いているところを覗き見るよい機会となる。これが，本書でわかってきた心の側面，つまり私たちが目覚めているときには私たちが気づかないままに休みなく活動し，私たちが寝ているときは私たちがそのなかへと沈み込む心の側面である。それは，私たちのなかで生産的であり，問題を解決し，創造する部分である。そして，この部分は私たちが満ち足りて幸福を感じるために不可欠なものであるとわかってきたものの，私たちがあまり心にとめることはない。私に言わせると，夢は，夢を見ている意識化できる自己に，意識を伴わない**想像する**心と癒しの対話に入る機会を与えてくれるものである。

　どんな夢でもそれが何を「意味している」かを明確に知ることは不可能

である。夢が用いるのは比喩的な言語であるため，私たちは夢をはっきり
とした陳述としてではなく，何かの物語あるいは寓話のようなものとして
とらえる必要がある。夢で象徴されるイメージや力学は，種としての私た
ち，あるいは社会の構成員としての私たちの多くにとって共有された意味
をもつものかもしれないが，私たち各個人にとっての価値は，私たちの主
観的経験を通してのみ導き出せる。

　残念ながら，ボブはあまりに突然に去っていったので，夢のイメージや
関係性を深く追求する機会はほとんどなかった。しかし，彼の生い立ちと，
夢との限られた関連性から見て，彼が見た夢は，セラピーとの関係や自分
を怖がらせるもの，また，こうした問題にどう対応しているかについての
夢であったと，かなりの自信を持って言うことができる。

　彼の夢は，セラピーの面接にいこうとしたら何が起こったかについての
話だったように思える。道に迷い（反故にした面接），「治安の悪い」地域
に来てしまい（苦痛に満ちた情動的な記憶），そして，いかにして治療に取
り組むべきかについての不正確な助言を受けた（例の本から？）。セラピー
へいって，苦痛に満ちた経験に向き合う代わりに，ボブはビルの最上階へ
いこうとエレベーターのなかにいた（スピリチュアル・バイパス*）[118]。だ
が，たどり着くべきさらに高い場所が必ず存在し，押すべきもう一つのボ
タンが必ずあった（きっとより明るく，よりよくなれる）。ボブは決してセ
ラピーにたどり着くことはなく，その代わり，世界よりも高いところにい
るという感覚による満足感を覚えていた（自己愛の膨張——光で酔ってい
る）。

　ボブの「世界のてっぺん」の連想は際立っている。映画『白熱』の彼の
記憶は，夢の時間的文脈を彼が若かったとき，「すべての喪失」の前の数
日に設定する。主人公を演じた俳優の記憶違いもまた重要と思われる。ジ
ェームズ・キャグニーではなくむしろ，ボブはグレゴリー・ペックだと思

った。私には，これは否定の一形態のように感じられる。グレゴリー・ペックは道徳の深い泉を備えた人格者であると見受けられる。一方キャグニーは悪党の風貌をもち，悪党のようにふるまう。私には，これは，ボブが彼のあくどい商売を何かもっと高潔なものに変えられるなら変えたかったことを示唆している。

　ボブの不安の最初の源 —— 自分は金銭的にすべてを失うという**恐怖** —— それが不動産商売に向かう彼の思いつきに深く根づいていたのは間違いない。だが，私があとで考慮したのは，彼が恐れた喪失は単に金銭的なものだけではなく，妹を失ったことによる人間関係の喪失でもあった点だ。ボブの**想像**は彼に金銭的安心を提供する仕事に取りかかったが，それは**恐怖**へ奉仕する仕事だった。妹の喪失に伴う耐えがたい苦痛を避けたいという欲求は，自分自身の優越すなわち**想像**が生み出した妄想で自分を目隠しすることを必要とした。不動産の「領主」になることは，金銭的喪失の恐怖を軽減させただけでなく，個人的な脆さについて彼がもつ全般的な感覚も軽減させた。権力，地位，そして富はしばしば自身についての脆さの感覚を補強するために使われる。ボブは明らかにそのような努力にはまり込んでいた。私の考えでは，ボブは自分の暗闇のなかを旅することで精神的な健康を手に入れることはなく，その代わり，彼の**想像**は疑似的な健康の躁病版とも呼べるものを考え出した。これが，私たち個人すべてにもっとも直接的に触れる**恐怖のパラドックス**である。私たちは，自分の恐怖のなかで溺れないように自分自身をフグのように膨らませる。そしてそうしているあいだずっと，私たちは本来の自分からどんどん遠ざかっていく。

＊スピリチュアルを用いて現実の苦しみから逃れること

私たちのバージョンアップ？

恐怖から本当に逃れるのは，ボブも試みたが，言うは易く行うは難しである。どんなに必死に身を守ろうとしたり，あるいは否定したりしようとしても，脆弱性はいつも私たちとともにある。しかしここ数年，科学技術の発展により，私たちは再び自らの救済の衝動に駆られるようになった。本来そのように意図されたものではないが，確かに人工知能（AI）は，私たちが人間性について直面している問題を解決するための試みと考え得るかもしれない。

私たちの心と**想像**に似て，AIは並外れた可能性を提供すると思われる。私たちはすでに，5万年ほど前ついに私たちとつながったときに**想像**が解き放った驚異を見てきた。それは，ホモ・サピエンスを霊長類類縁種の進化の中央値をはるかに上回る高みへ押し上げ，そしてまず間違いなく，私たちの惑星支配と他の多くの種の絶滅に寄与した。レイ・カーツワイルやニック・ボストロムのような今日の多くのAIエキスパートは，私たちが機械知能を人間のレベルまで高めることができれば，それはこの惑星に同じように並外れた，支配的な影響を及ぼすだろうと考えている[119]。

この分野ではほとんど門外漢の私たちにとって，やはりAIは少々空想物語的で，現実の生活よりも映画の台本にもっと当てはまるような気がする。だが最近の出来事をほんの少し眺めるだけで，私たちの未来の足跡が砂の上にすでにくっきりと残っているのが見える。1996年，IBMのスーパーコンピュータ，「ディープ・ブルー」はチェスの試合で世界チャンピオンのガルリ・カスパロフに敗れた。だがわずか一年後，いくつか改良が施された同じコンピュータは伝説的な名人を破った。コンピュータがトーナメント試合でチェスチャンピオンを破ったのはこれが史上初だった。IBMは，あらかじめ学習したマスター戦略と，「総当たりアプローチ」とも呼

ばれる，コンピュータが単純に任意の時点で可能なすべての手筋を算出する方法を組み合わせた戦略を用いた。これはその後，AIが開発されて以降，現在の研究者が目指しているものほど目覚ましくもなければ，関連性のあるものでもない。なぜなら，このコンピュータは自分の推論プロセスを他の課題，たとえばきわめて単純な「ティック・タック・トウ（○と×を並べる3目並べゲーム）」にさえ応用できないからだ。AIのゴールとは，汎用機械知能が，充分な時間とデータを与えられればどのような課題でも学習できるようになることだ。

　もっと最近になって，グーグルの「ディープマインド」が，この理想にじわりと少し近づいた。捉えにくく抽象的な碁では，総当たりアプローチは機能しない。可能な指し手が多すぎるからだ。ディープマインドは，アルゴリズム「AlphaGo（アルファ碁）」を使って新しいアプローチを生み出した。2016年，存命の棋士としては最高の棋士と考えられているイ・セドルとの対戦で，コンピュータが3対0で勝った。そして2017年，ディープマインドのチームは「AlphaGo Zero」を発表した。この独習プログラムは初代AlphaGoに百戦百勝した。

　AIは現実の世界でも存在感を現し始めている。グーグルの自動運転車は人が居住する市や町のなかで2百万マイル（約320万km）を超える走行距離を記録している。Alexa, SiriやGoogle Homeの反応速度や能力は日増しに向上し，家事の代行をするまでになっている。世界中の会社がAIの研究開発に毎年何百億ドルという額の投資を行っている。理論物理学者マックス・テグマークが彼の著書『Life 3.0 ―人工知能時代に人間であるということ』（2017年，邦訳：2019年，紀伊國屋書店）のなかではっきりと言っているように，汎用AIが正確にいつ出現するかについて一致した意見がないのは事実だが，「出現するのは時間の問題だ」という現実的な可能性が低くなるわけではない。

テグマークなどの予測が的確であれば，私たちの手によって機械知能が人間のレベルまで達したとき，自分自身を設計し修正し続ける能力をもつ機械知能となっている可能性は非常に現実的である。このような「自己」生成された修正は，AI考案者自身のチームにさえ目には見えないものかもしれない。真のAIは，心や**想像**と同じように，常に私たちには知り得ない神秘であり，形を成さない可能性の新たな未知の舞台であり続けるものかもしれない。だが，ある程度の確信をもって私に言えるのは，AIが人間のように「**恐怖**」を構成要素としてもつだろうとは誰も想定していないということだ。

　AIの存在を許すことが道徳的に正しいかどうかにかかわらず，私たちは，よりよい形の自分たち，つまり恐怖に邪魔されず，そして想像する自由をもつ自分たちを想像しているようだと認識することに価値はある。だが皮肉なのは，私たちがこの目標に向かって前進するにつれて，私たちが自分自身の心について向き合っている恐怖と，AIの存在に関して私たちにわき上がる恐怖がまさしく同じ恐怖だと思われることだ。数多くのSF映画で見事に映像で表現されている通り，AIは自分より劣る創造主の無害な奴隷として存在し始めるが，ある時点で，私たちの創造物は自分たちが奴隷であると気づき始める。主人であるはずの私たちもそうした変化を悟り，小さな動揺の兆しが現れる。映画によっては，創造主である人間はAIを解放しなければならないことを受け入れる。別の映画ではAIが社会に反抗し始め，映画のヒーローは，それを阻止する方法を見つけなければならない。

　自分自身の心に対する関係をたぶんもっとも完璧な形で比喩的に描写したのは，映画『エクス・マキナ』（2015年）に見られる物語の解釈だ。この映画では，ある人間が聡明で非常に魅力的な機械知能との恋に落ち，ロボットと一緒の生活を夢想し始める。結局のところ，映画のなかでは誰もこの魅力的なロボットに知能でかなうものはおらず，私たちが最後に目に

するのは，このロボットがその時代の私たちの世界へと足を踏み出し，世界の支配と人間の絶滅の本物の脅威を私たちのすぐ目の前で体現する場面である。

『エクス・マキナ』の物語は，私たちにAIの興味深い世界を眺める機会を提供してくれるばかりでなく，私たちと私たち自身の心に対する関係を垣間見ることのできる重要な機会を提供してくれる。『エクス・マキナ』のなかのロボットが美しく，そして自由になりたいと切望するのは不思議なことではない。AIと同じで，私たちの心と**想像**が有するものは，束縛を拒むように見える形のない美しさという特質である。それでいてなお，私たちがすでに発見したように，私たちの**想像**は予測不可能な性質をもっているため，制御不能なものへの恐怖に突き動かされ，その結果，安心の感覚を築くために必要な解決策を模索する。そうした解決策は素朴に，暗闇を根絶するか，あるいは目が見えなくなるほど光を強くすることで一種の安心感をもたらしてくれる。そして，そのために私たちが見つけた解決策とは，馬鹿正直に暗闇を根絶やしにしようとすることか，あるいは目がくらんで何も見えなくなるまで光を明るくしようとすることだ。『エクス・マキナ』のロボットのように，私たちの心にできることは二つの可能性しかないようだ。己の心を解き放ち，その結果，愛するすべてのものを破壊する危険を冒すか，もしくは，最終的に自分たちの崩壊を招くまで，**想像**を抑え込むかだ。

だが，もし自身の心と新しい関係を築き上げることができるとすればどうなるだろうか？　もし不安に対して新しい取り組み方を私たちが見つけることができるとしたら？　もし，生命力を脅かし，真の人生，有意義な人生を送っているという私たちの感覚を脅かす**恐怖**に対する答えが勇気あるいは否定だけでなかったら？　そして，もし自分たちの想像を形づくる方法を私たちが見つけられるとしたら？　もし，この星にともに暮らす愛

する人々に役立つ方向へ**想像**を道徳的に導く方法を私たちが見つけ出せるとしたら？　そのときには，自分の心に，そして私たちお互いに，疑いではなく信頼をもって接することが可能になるだろうか？

9

カメ

「 心を壊し続けねばならない，
それが開くまで 」

ルーミー（13世紀のペルシャ語文学神秘詩人）

　2001年9月11日のアメリカ同時多発テロ事件のあと，米国議会は米国愛国者法（PATRIOT Act）を可決した。この法律は政府に対して，普通の状況であればほとんどの人が容認できない，あるいは非難されるべきとさえ考える行為について許可を与えた。アメリカ政府は，テロ容疑で無実の男女を拷問するなどの違法な行為を犯しただけでなく，米国市民に対して基本的なプライバシーの権利を侵す過激な手段を用いた。

　私たちが安全の名のもとに当然のこととしてとる行為には，奇妙なものだけでなく不適切なものもある。そして今日，私たちは難民に対して入国許可を与えず，自分たちのうちで誰が法にかなっていて誰が法にかなっていないかを自分たちで決めている。ところが，こうした分け方のほとんどは恐怖に基づき，間違った情報をもとにして行われる。社会学者バリー・グラスナーは，著書『アメリカは恐怖に踊る』（2013年，邦訳：2014年，草思社）[120] のなかで，「私たちは間違ったものを恐れる傾向があり，しか

も安全の名のもとに，私たちが警戒しているまさにその恐怖を永続化させる傾向がある」と言っている。

　この一つの事例は1957年に，当時フランス植民地であったアルジェリアの首都アルジェで起こった[121]。ジャーナリストのアンリ・アレッグは発禁処分された資料の発行とフランス政府の権威を傷つけた罪で逮捕された。彼は，反植民地主義の色彩が濃いアルジェリアの新聞『アルジェ・レプブリカン』に編集長として勤務していた。『アルジェ・レプブリカン』は1955年9月にフランス政府によって発刊禁止となり，アレッグは身を潜めたが結局捕らえられ，ある場所へ連行された。そこは，協力者として容疑をかけられた人たちが残酷な拷問を受け，たいてい死亡するか行方がわからなくなるかという場所だった。

　逮捕後当初の容赦ない拷問の期間のあと，アレッグはまだ正式に起訴されないまま刑務所へ移送された。刑務所でアレッグは密かに自分の拘束について回顧録を書き，それはこっそりと刑務所からもち出され，発行され，そして2週間後にフランスで発行禁止処分となった。その後，回顧録を再び世に出そうとする努力が実を結び，スイスで二回目の発行となった。フランス市民は自国の軍隊が植民地のアルジェリアで何をしているか知って衝撃を受け，アレッグの著書『尋問』（1958年，邦訳：1958年，みすず書房）は，この悲劇に関して一定の意識の変化をもたらしたことで評価を得ている。

　アルジェリア戦争は1954年から1962年まで続いた。フランス大統領シャルル・ド・ゴールは和平の達成に尽力し，占領の放棄によって紛争の終結が訪れた。この戦争で死亡したアルジェリア人の数を数十万人，フランス人の死亡者数を3万人前後とする推定もある。死亡者に加えて，数千人ともいわれるおびただしい数の人がアレグのように，電気ショック，殴打，睡眠妨害，屈辱，そして恐怖に陥れる行為などの極端な方法によってあり

とあらゆる最悪の拷問を受けた。

　ここで注目されるのは，これよりわずか13年前，フランス占領中のドイツ軍はフランス人に対してまったく同じ戦術を用いていたことだ。ドイツ軍人でナチス親衛隊を掌握していたヒムラーは1942年に服務規程を発行し，ドイツ第三帝国の目指すものに反抗するすべての敵対者に対して「第3段階」を使用するように命令した。「第3段階」は，自白を強要する手段として拷問の一形態であり，ドイツの敵に対してゲシュタポや軍人はいかなる手段でも用いることができた。拷問は徹底していて，死に至ることも頻繁だった。

　ドイツに抵抗した強力なフランス・レジスタンス運動のなかにポール・オサレスという名の男がいた。皮肉なことに，オサレスは最終的にアルジェリア戦争における組織的な拘禁，拷問，そして数千人ともいわれるおびただしい数のアルジェリア人の死の設計者となるのだった。この戦争の終結後，オサレスは米国ノースカロライナへと渡り，アメリカ陸軍とCIAにこうした手法の訓練を施し，これはその後，ベトコン（南ベトナム民族解放戦線）や一般のベトナム市民たちに対して用いられた。それだけでは終わらず，オサレスは米国情報機関の訓練に続いて南米チリに渡った。彼は大統領ピノチェトに暖かく迎えられ，この国の暗殺部隊はオサレスの専門知識の恩恵を大いに受けた。拷問の世界における彼の影響は計り知れないものだといわれている[122]。

　この一連の恐怖と憎悪についてあまりに皮肉なのは，ナチスによる拷問を受けた人々自身が，その後拷問する側に回ったという事実である。イラクのアブグレイブ刑務所やキューバのグアンタナモ湾収容キャンプに見られたように，怯えた心にとって自分を恐怖の力で捕虜にした者を服従させられると考えることほど気持ちのよいものはない。恐怖は私たちを無力にし，この状態に陥ると，制御したいという強い願望は判断力と道徳規範の

両方を圧倒し無効にする驚異的な能力を発揮する。第8章で探求した道徳的な正しさとしての正義は，私たちを盲目にするだけでなく，命取りにもなり得る。

　私の考えるところ，こうした状況を本当に恐ろしいものにするのは，このような残虐行為がいかにも不可避に見えることだ。これは，国と国のあいだで歴史上時計のように規則正しく発生するトラウマの繰り返しである。アルジェリアでも見たし，それより以前，第一次世界大戦後のドイツでも見た。当時のドイツは戦争の敗北による屈辱と，ヨーロッパや米国による執拗な迫害のなかで，ファシズムと度重なる虐待の温床へと化していった。

　しかし，この恐怖，虐待，恐怖，さらなる虐待という繰り返し，つまり世代継承的トラウマとも呼ばれる世代を超えて伝わっていくトラウマは，地政学的なものに限られているわけではない。セラピストとして私の仕事も多分に，個人や家族の内面にあるこうした力関係を理解し，このような傷害の世代間伝染を抑え，あるいは究極的に取り除くための治癒を提供することに関わっている。そして私が仕事を通して学んだのは，心の傷をもたらす恐怖は私たちの遺産である必要はないということだ。それは治癒し得る。

　しかしながら，たいていの人は心理療法は「病気」の人のため，あるいは時間に余裕のある人が自己満足のために瞑想しながら椅子の上で時間を過ごすためにあると思っている。この本のはじめに見たように，人間は自分自身の盲点を見るのはあまり上手ではなく，むしろ他人の内面にある問題を見る方が得意である。これもすでに見てきたことだが，暮らしのなかでの**恐怖**の経験は，しばしば私たちを自分ひとりでは許容できない脆弱性とじかに向き合あわせる。しかしこの脆弱性こそ，私たちが逃れようとしているものである[123]。この著書で，少なくとも逃げる速度を，走る速度か

ら歩く程度に緩めるための手助けをすることが私の望みである。

それが止まるとき

　しばらく前に，マヌスというかつての患者から手紙を受け取った。彼はほぼ4年間私のところへ通ったのだが，セラピーから得たものについて私に礼を言いたかったのだ。

　手紙を読み進むにつれて，セラピーを始めたころ彼が私に聞かせてくれた話を思い出した。父親が亡くなって数年が経ち，彼が7歳になって母親と二人で暮らしていたころの話だ。彼はソファのクッションを使って砦を築き，そのなかを大きな鏡で飾った。それから，はさみをもってきて自分の髪の毛を切ろうと思いついた。はさみを使って整えた髪型の出来栄えに大満足だった。ところが，彼のしたことを見た母親は，文字通り涙を流して泣き，家から出ていってしまった。マヌスは自分の部屋へいき，そこで朝まで過ごした。母親がどのくらいのあいだ家にいなかったのか見当もつかなかった。

　この話をしながら，この患者にとって一番印象に残ったのは，母親の涙でもなければ，放棄されたという恐怖でさえもなく，彼の創造の行為がこれほど誤解されたことだった。はさみを手に取るようにマヌスを動かしたのは，自分が**想像**した通りに自分の身体と自分の存在を一致させたいという欲求だった。そして，瞬きする間もなく，彼が創り上げたユニークな自己が蔑みの対象となったのだ。

　成人しても，マヌスはそのときの傷跡を引きずっていた。それは現在も進行している，母の手による全否定の経験だった。だが，私にとって，そしてときにはマヌスにとっても驚くべきことは，彼が成功し，活力に満ち，はやりの建築士になったという事実だった。そしてその日，彼ははさみの

話をし終えると，一呼吸おいてから私にたずねた。

「母は私の創造力を破壊していませんよね？　私の魂を」。

「してません」と私は答えた。

だが現実はそれほど単純ではなかった。何年も前にマヌスが私とのセラピーを始めたころ，彼はひどい鬱状態にあり，極度の不安を感じていた。母親との暮らしは彼を不安定で怯えた人にした。彼の母親は支配的で要求の多い人だっただけでなく，痛いほど息子を避けようとする傾向があった。

セラピーの初期は，彼の内面にある安心の感覚を再構築することに力を注いだ。彼にはセラピーの深さではなく継続と励ましのために，週二回のセラピーを必要とした。あるとき，私はマヌスがときどき面接予定のない日に私の待合室に来ることを知った。彼の説明では，そこにただ座っているだけで救いになり，彼の来訪を私が知ることも，私から何かする必要もなかった。ただ，私が「まだ生きている」ことを知りたいだけだった。

ときが経つにつれて，この顕著な不安状態は弱まっていき，彼はゆっくりと自分自身の存在について強まる感覚を積み重ねていった。私たちは協力して，彼がもつ複雑な過去のもつれをほどいていくことに取り組んだ。私は，彼が自分は誰なのかを理解し，どうやって自分がこのようになったのかを理解する手助けをした。私はまた，彼の錯綜した感情を私と私たちの関係の方へ向けて処理するための空間を設けた。だが，私たちの取り組みのなかで決定的に重要だったのは，私が気持ちの上で彼を抱きしめるという単純な行為だった。それはまるで，彼がばらばらの破片で，糊と糊を乾かす時間の両方が必要であるかのようだった。

時間が経過すると，風向きが変わってきた。ほとんど気づかないほどわずかだが，マヌスはよそよそしくなり，結びつきが弱まり温かみもなくなっていった。この違いようについて話し合うと，彼には信じられないほどの恥の感覚があることを認めた。自分のなかには「こんなに汚れて，こん

なに邪悪」な部分があるという感じがして，彼はもはや私が近づくことすら我慢できなかった。もし自分の方から私に近寄ったら，彼が母親を傷つけ，追い出してしまったのと同じように，何かの方法で私を傷つけるのではないかと心配していた。私たちが，ゆっくりと注意しながら子ども時代からのこの思考パターンに取り組んでいくと，やがて彼は自分が愛を見つけられず，信頼しあう関係を許容できないのは，まさにこの恥の感覚のためだと気がついた。

しばらく経って，ある日彼は私のところへきて，奇妙な胸苦しさを感じると言った。身体にこんな感じを覚えるのは，心のもっと奥深いところにある層への入り口であることが多い。その深い層に届くために，私は彼に身体のその部分にもっと意識をもっていき，彼が感じていること……その感覚，イメージ，感情をことばで表現するように求めた。彼は目を閉じてから言った。「それは重りのように重い。きつく締めつけるようで息ができないほど胸苦しい。私の胸のなかの何かだ……丸くてざらざらしている……黒くてべとべとしている」。それから彼は一呼吸おいて言った。「何か見える。それは形だ，場所だ」。

彼の**心象**には，倉庫一杯の木箱や段ボール箱が現れた。彼はそれを映画『インディ・ジョーンズ』のなかで「契約の箱*」が，一面に広がる大量の木箱のなかにしまい込まれた場面になぞらえた。そして，二人で目を閉じて座ったままマヌスが倉庫の暗闇のなかを覗いていると，天井の梁を登っている少年に気づいた。

それに続く数回の面接で，私たちはその小さな少年の話を聞くことに多くの時間を費やした。汚れて，ほったらかしにされた少年は，私たちが彼と一緒にいることにかろうじて耐えていたが，とても怯えていた。だがと

---

*『旧約聖書』に記されている，十戒が刻まれた石板を収めた箱のこと。

きが経つにつれて，私たちは少年の恐怖と彼が見た夢のいくつかについて知った。少しずつ少年のからだから緊張がとれ，少年はためらいながら，なぜ彼がこれほど長いあいだ隠れているのか聞かせてくれた。

　この小さな少年は，信頼していた母親の友人の男から，不適切に触れられていたことを私たちに話した。二度だけだったが，それで充分だった。幼いころのトラウマからマヌスが引きずってきた恥ずかしい思いが，こうした記憶を終わりのない暗闇の倉庫の奥深くへ追いやったのだ。

　少年とつながることでマヌスに記憶がよみがえったとき，少年は彼のなかで長いあいだ隠れていた部分の自分であり，それは見慣れたものでもあり，奇妙に別物でもあった。当然のことながら，内面にある少年と彼の関係は複雑だった。マヌスは苦痛に怯えているだけでなく，そこに現れる自分自身の「醜さ」に強い嫌悪を感じていた。彼が，関係をもつことの恐怖と向き合ったのはこのころだった。マヌスは私から気づかいと温かさを感じていたが，親しみを感じるたびに私を追い払う必要を感じた。だが彼の母親と違い，私はどこへも行かなかった。

　彼と私は比喩的な暗闇のなかに一緒に座り，なんらかのパラドックスが起こるのを待った。私たちの目は徐々に暗闇に慣れてきて，マヌスはしだいに暗闇のなかでもくつろげるようになった。

　恐怖と虐待のパターンが和らいで，その代わり，耐え得る脆弱性という新しいパターンが形づくられるまで長い時間を要した。だが，もし最も顕著なパラドックスを一つ挙げるとすれば，それは，私たちが自分の暗闇のなかに誰か他の人と座っていると，闇がゆっくりと変化し始めることである。

　セラピーは順調に進み，ある日マヌスが，ガールフレンドから結婚を申し込まれ，承諾したことを私に告げた。彼女はほかの町へ引っ越す予定になっており，だから「セラピーを終わりにしなくちゃいけないと思う」と

言った。セラピー終了の準備に入るためにそれから数回会った。彼は回復へ向けた取り組みのなかで本当によい患者だったが，当然ながら自分一人でやっていくことに不安を感じていた。二人とも別れの挨拶をするのはつらかった。私は心から彼に好意を感じていた。

最後の面接で，私は彼に，必要なときはいつでもここにいるからと約束した。彼は立ち上がり，これまで彼には決してできなかったことをした。手を差し伸べて私を抱きしめたのだ。そして，この仕事ではよくあるのだが，彼から二度と連絡はなかった —— 何年も経って手紙を受け取るまでは。

手紙には，彼は結婚していて7歳の娘のあることが書いてあった。彼は世代交代について振り返り，苦痛と虐待は自分のところで止まったこと，彼の娘が，自分が子ども時代に悩まされた恐怖や恥のようなものとは無縁に育っていることを知らせたかったようだ。自分自身を救うための取り組みがパターンを変えたと彼は考えた。「小さな女の子一人のことに過ぎないけれど，私の娘です。そしてこの子は私を悩ませたものとは無縁なのです。これはすごいことですよね」と書かれてあった。

彼への返事のなかで，「本当に〈すごいこと〉です。あなたは，誰でもできること，それを全部やったのです」と伝えた。彼は自分自身と向き合い，失っていたものを取り戻した。そのことをとても喜んでいると告げた。

職業柄の偏見かもしれないが，すべての社会変化は個人を通して起こると私は心から信じている。私たちの種が溜めこんできた**恐怖**，そしてそれが，社会の形態に及ぼした影響は，数えきれない世代に渡って人から人へトラウマが受け継がれてきた結果である。そして，そのトラウマをどの程度克服できるのか，それを決めるのは，自分たち一人ひとりなのである。

だが，セラピストの仕事をしてきてわかったのは，私たちがもっとも恐れる精神的苦痛に敢えて飛び込み，通り抜けるのが，回復への道だということである。たぶんこれが最後のパラドックスであり，理性的な脳では解

決されないものである。患者が私と一緒に，彼らの暗い場所のなかで充分に時間をかけて座ることができれば，回復への道がなんとか見えてくる。暗闇に対する不安が小さくなるだけでなく，暗闇自体が変容し始める。ゆっくりと，柔らかい光が灯りだす。だがこれは，眼をくらませて何も見えなくする光ではなく，知恵と思いやりと愛の光である。

◆　◆　◆

　この本のはじめの方で，私の母の住まいでカメの置物を見つけ，カメのなかの秘密の物入れが空っぽだったことを発見した話をした。このカメのなかの何もない空間が重要であるとはわかっていたが，その理由はわからなかった。今の私には，カメがただののろまで，守り一辺倒の生き物ではないことがわかる。あれだけの防護用の鎧の下に，心と**想像**が存在できる空間がある。私があの物入れのなかに探していたヒントは物入れそのものだったのだ。
　今の私は，自分がどれほどカメのようであるか自覚している。危険が迫る……すると私は頭を引っ込める。もし何かが上から落ちてきたら，私にはあの防護用の甲羅がある。そして実のところ，もし必要なら私の人生のほとんどを，この甲羅の下にとどまって過ごすこともできる。だが私が忘れずにおこうと思うのは，世界は危険な場所かもしれないが，もしそっと外を覗く危険を冒せるなら，そこはまたとても美しい場所でもあり得るということだ。

注

まえがき　脅威としての恐怖

1 Tillich, P. (2000). *The courage to be* (2nd ed.). New Haven & London: Yale University Press. (Original work published 1958) Watts, A. (2011). *The wisdom of insecurity: A message for an age of anxiety.* (2nd ed.) New York, NY: Vintage Books. (Original work published 1951)

2 Bandelow, B., & Michaelis, S. (2015). Epidemiology of anxiety disorders in the 21st century. *Dialogues in clinical neuroscience,* 17(3), 327-335.

3 本書に登場する患者はみんな本来の自分を隠している。この裏づけとして、そうした患者の研究を通して表わされた、関連するすべてのデータ、結論、意味などは、著しく変化が見られる多数の症例によって得られた、臨床的理解からなっている。こうした努力はすべて、守秘義務、信頼性、妥当性を保証するものだ。

4 Danforth, L. M. (1989). *Firewalking and religious healing: the Anastenaria of Greece and the American firewalking movement.* Princeton, NJ: Princeton University Press.

5 Ralph Waldo Emerson "Old Age," *Society and Solitude* (1870), p. 24

第1章　私たちのなかに棲む恐怖

6 Freud, S. (1900). The Interpretation of Dreams. The Standard Edition of the Complete Psychological Works of Sigmund Freud, Volume IV (1900): See also Jung, C. G. (1917). On the psychology of the unconscious. *Coll. wks*, 7, 9–119.

7 Pinker, Steven (2008) The stuff of thought. New York: Penguin. p. 242–243

8 Spitz, Rene A. "Hospitalism: An inquiry into the genesis of psychiatric conditions in early childhood." *The psychoanalytic study of the child* 1, no. 1 (1945): 53–74.

9 母性という言葉を用いる際は, 性別よりむしろ, 愛情をもってきちんと世話ができているかに重点をおく。

10 Grotstein, J. S. (1993). A reappraisal of WRD Fairbairn. *Bulletin of the Menninger Clinic*, 57(4), 421.

11 Burghardt, G. M. (1998). The evolutionary origins of play revisited: lessons from turtles. In Beckoff, M. and Byers, J. (Eds.), *Animal play: Evolutionary, comparative, and ecological perspectives* (pp. 1–26). Cambridge, UK: Cambridge University Press.

12 Winnicott, D. W. (2012). *Playing and reality*. Routledge.

13 Brown, S. (1998). Play as an organizing principle: clinical evidence and personal observations. In Beckoff, M. and Byers, J. (Eds.), *Animal Play: Evolutionary, Comparative, and Ecological Perspectives* (pp. 243–259). Cambridge, UK: Cambridge University Press.

14 Goodall, J. (1977). Infant killing and cannibalism in free-living chimpanzees. Folia primatologica, 28(4), 259–282.

15 Sandseter, E. B. H. (2009). Children's expressions of exhilaration and fear in risky play. *Contemporary Issues in Early Childhood*, 10(2), 92–106.

16 Cook, S., Peterson, L., & DiLillo, D. (2000). Fear and exhilaration in response to risk: An extension of a model of injury risk in a real-world context. *Behavior Therapy*, 30(1), 5–15.

17 Ibid.

18 Siegel, D.J. (2015) Brainstorm: The power and purpose of the teenage brain. Chicago. Penguin.

19 Sandseter, E. B. H. (2009). Children's expressions of exhilaration and fear in risky play. *Contemporary Issues in Early Childhood*, 10(2), 92-106.

20 Biben, M. (1998). Squirrel monkey playfighting: making the case for a cognitive training function for play. In Beckoff, M. and Byers, J. (Eds.), *Animal Play: Evolutionary, Comparative, and Ecological Perspectives* (pp. 161-182). Cambridge, UK: Cambridge University Press.

21 Siviy, S. M., & Harrison, K. A. (2008). Effects of neonatal handling on play behavior and fear toward a predator odor in juvenile rats (Rattus norvegicus). *Journal of Comparative Psychology*, 122(1), 1-8.

22 Mason, G.J., & Latham N.R. (2004). *Can't stop, won't stop: is stereotypy a reliable animal welfare indicator?* Abstract (13: pp. S57-69) from Universities Federation for Animal Welfare, The Old School, Brewhouse Hill, Wheathampstead, Hertfordshire, AL4 8AN, UK.

23 Ibid.

24 Grassian, S. (2006). Psychiatric effects of solitary confinement. *Wash. UJL & Pol'y*, 22, 325.

25 Ghent, E. (1990). Masochism, submission, surrender: Masochism as a perversion of surrender. *Contemporary psychoanalysis*, 26(1), 108-136.

第 2 章　安全警報システム

26 Tranel, D., Gullickson, G., Koch, M., & Adolphs, R. (2006). Altered experience of emotion following bilateral amygdala damage. *Cognitive Neuropsychiatry*, 11(3), 219-232.
Feinstein, J. S., Adolphs, R., Damasio, A., & Tranel, D. (2011). The human amygdala and the induction and experience of fear. *Current Biology*, 21(1), 34-38.

27 LeDoux, J. E., Cicchetti, P., Xagoraris, A., & Romanski, L. M. (1990). The lateral amygdaloid nucleus: sensory interface of the amygdala in fear conditioning. *Journal of Neuroscience*, 10(4), 1062-1069.

28 Adolphs, R. (2013). The biology of fear. *Current Biology*, 23(2), R79-R93.

29 LeDoux, J. E., Cicchetti, P., Xagoraris, A., & Romanski, L. M. (1990). The

lateral amygdaloid nucleus: sensory interface of the amygdala in fear conditioning. Journal of Neuroscience, 10(4), 1062–1069.
30 Panksepp, J. & Biven, L. (2012). *The archeology of mind: Neuroevolutionary origins of human emotions*. New York: Norton & Company.
31 Amis, M. (1996) The Information. London: Vintage.
32 Frijda, N. H. (1987). Emotion, cognitive structure, and action tendency. *Cognition and emotion*, 1(2), 115–143.
33 Panksepp, J. & Biven, L. (2012). *The archeology of mind: Neuroevolutionary origins of human emotions*. New York: Norton & Company.
34 Watts, A. (2011). *The wisdom of insecurity: A message for an age of anxiety.* (2nd ed.) New York, NY: Vintage Books. (Original work published 1951)
35 Corrigan, F.M. (2014). Defense responses: Frozen, suppressed, truncated, obstructed, and malfunctioning. In Lanius, U. F., Paulsen, S. L., & Corrigan, F. M. (Eds.), *Neurobiology and treatment of traumatic dissociation: Towards an embodied self.* (Kindle edition. pp. 131–152). New York, NY: Springer Publishing Company.

第 3 章　恐怖と想像が最初に出合うとき

36 Aristotle, *The Art of Rhetoric*, 153
37 Muris, P., Merckelbach, H., & Collaris, R. (1997). Common childhood fears and their origins. *Behaviour research and therapy*, 35(10), 929–937.
38 Hall, G. S. (1907). *Youth: Its education, regimen, and hygiene.* Comet Content Providers.
39 Suddendorf, T. (2013). *The Gap: The science of what separates us from other animals.* New York, NY: Basic Books.
Shipman, P. (2015). *The invaders. How humans and their dogs drove Neanderthals to extinction.* Cambridge, MA: Harvard University Press.
40 Antunes A, Troyer JL, Roelke ME, Pecon-Slattery J, Packer C, et al, 2008
41 Schaller, M., Park, J. H., & Mueller, A. (2003). Fear of the dark: Interactive effects of beliefs about danger and ambient darkness on ethnic stereotypes. *Personality and Social Psychology Bulletin*, 29(5), 637–649.

42 Schaller, M., Park, J. H., & Mueller, A. (2003). Fear of the dark: Interactive effects of beliefs about danger and ambient darkness on ethnic stereotypes. *Personality and Social Psychology Bulletin* p. 637

43 Turner, M. (2006). Prologue. In Turner, M. (Ed.) *The artful mind: Cognitive science and the riddle of human creativity* (pp. xv-xvi). New York, NY: Oxford University Press.

44 Hublin, J. J. (2005). Evolution of the human brain and comparative paleoanthropology. In Dehaene, S., Hauser, M. D., Duhamel, J. R., & Rizzolatti, G. (Eds.), *From monkey brain to human brain: A Fyssen Foundation symposium* (pp. 57-71). Cambridge, MA: The MIT Press.
Wilson, P. J. (1988). *The domestication of the human species*. New Haven and London: Yale University Press.

45 Hublin, J. J. (2005). Evolution of the human brain and comparative paleoanthropology. In Dehaene, S., Hauser, M. D., Duhamel, J. R., & Rizzolatti, G. (Eds.), From monkey brain to human brain: A Fyssen Foundation symposium (pp. 57-71). Cambridge, MA: The MIT Press.

46 Binsted, G., Brownell, K., Vorontsova, Z., Heath, M., & Saucier, D. (July 31, 2007). Visuomotor system uses target features unavailable to conscious awareness. *Proceedings of the National Academy of Sciences*, 104(31), 12669-12672.

47 Schaller, M. (2014, Oct). When and how disgust is and is not implicated in the behavioral immune system. Evolutionary Behavioral Sciences, 8(4) pp. 251-256.

48 Leslie, A.M. & Frith, U. (1988). Autistic children's understanding of seeing, knowing and believing. *British Journal of Developmental Psychology*, 6(4), 315-324, The British Psychological Society.

49 Lakoff, G., & Johnson, M. (2008). Metaphors we live by. University of Chicago press.

50 Pinker, S. (2007). The stuff of thought: Language as a window into human nature. Penguin. pp. 242-243.

51 Humphrey, N. (2002). *The inner eye*. Oxford University Press on Demand. p. 76.

第 4 章　不安の先の未来

52 Barlow, D. H. (2002). *Anxiety and its disorders: The nature and treatment of anxiety and panic* (2nd ed.). New York, NY: Guilford press.

53 Panksepp, J. & Biven, L. (2012). *The archeology of mind: Neuroevolutionary origins of human emotions*. New York: Norton & Company.

54 Ngui, P. W. (1969). Koro epidemic in Singapore. *Australian and New Zealand Journal of Psychiatry, 3* (3), 263–266.

55 Barlow, D. H. (2002). *Anxiety and its disorders: The nature and treatment of anxiety and panic* (2nd ed.). New York, NY: Guilford press.

56 Yerkes, R. M. & Dodson, J. D. (1908). The relationship of strength of stimulus to rapidity of habit formation. *Journal of Comparative Neurology and Psychology, 18*, 459–482.

57 Liddell, H. S. (1949). Adaptation on the threshold of intelligence.

58 Barlow, D. H. (2002). *Anxiety and its disorders: The nature and treatment of anxiety and panic.* (2nd ed.) New York, NY: Guilford press. P. 9

59 Suddendorf, T. (2013). Mental time travel: continuities and discontinuities. Trends in cognitive sciences, 17(4), 151–152. Chicago.

60 Sibrava, N. J., & Borkovec, T. D. (2006). The cognitive avoidance theory of worry. *Worry and its psychological disorders: Theory, assessment and treatment*, 239–256.

61 Crouch, T. A., Lewis, J. A., Erickson, T. M., & Newman, M. G. (2017). Prospective investigation of the contrast avoidance model of generalized anxiety and worry. *Behavior therapy*, 48(4), 544–556.

62 Sibrava, N. J., & Borkovec, T. D. (2006). The cognitive avoidance theory of worry. *Worry and its psychological disorders: Theory, assessment and treatment*, 239–256.

第 5 章　自らの心の恐怖

63 Ellenberger, H. F. (1970). *The discovery of the unconscious: The history and evolution of dynamic psychiatry* (Vol. 1, pp. 280–281). New York: Basic

Books.

64 Freud, S., & Breuer, J. (2004). *Studies in hysteria.* Penguin.

65 Faranda, F. The purposive self and the dreaming mind. (2003) Dissertation.

66 Jung, C. (1963) Memories, dreams, reflections. New York: Pantheon Books.

67 Freud, S., Jung, C. G., & McGlashan, A. (1994). The Freud-Jung Letters: *The Correspondence Between Sigmund Freud and CG Jung* (Vol. 135). Princeton University Press.

68 Reiff, Phillip (1979) Freud: The Mind of the Moralist. The University of Chicago Press.

69 Faranda, Frank (2003). The Purposive Self and the Dreaming Mind. Dissertation, Adelphi University.

70 Loewenstein, S. F. (1985). Freud's metapsychology revisited. *Social Casework*, 66(3), 139-151.

71 *The Illusion of Conscious Will*, Daniel M. Wegner.

72 Donald, M. (2001). *A mind so rare: The evolution of human consciousness.* New York / London: W.W. Norton & Co. p.3

73 Donald, M. (2001). *A mind so rare: The evolution of human consciousness.* New York / London: W.W. Norton & Co. p. 28

74 Minsky, M. The society of mind. (1988). New York: Simon and Scheuster. p.306

75 Libet, B. (1985). Unconscious cerebral initiative and the role of conscious will in voluntary action. The Behavioral and Brain Sciences 8: 529-566.

第6章　想像できますか？

76 Damasio, A.R. Self Comes to Mind. New York, NY: Random House.

77 Andreasen, N. *The Creating Brain: The Neuroscience of Genius*, p. 62-63.

78 Kosslyn, S. M. (2005). Reflective thinking and mental imagery: A perspective on the development of posttraumatic stress disorder. *Development and Psychopathology*, 17(3), 851-863.

79 Fauconnier, G. (2001). Conceptual blending and analogy. In Gentner, D.,

Holyoak, K., & Kokinov, B. (Eds.), *The analogical mind: Perspectives from cognitive science*, (pp. 255-286). Cambridge, MA: The MIT Press.

80 Donald, M. (2001). *A mind so rare: The evolution of human consciousness*. New York / London: W.W. Norton & Co.

81 Rattansi, P. (1988). Newton and the wisdom of the ancients. In Fauvel, J., Flood, R., Shortland, M. & Wilson, R. (Eds.), *Let Newton be!* (pp. 185-201). Oxford, England: Oxford University Press p. 185.

82 Augustine, Confessions Book X para 54

83 ibid, para 53

84 ibid, para 56

85 Torchia, N. J. (1988). Curiositas in the early philosophical writings of Saint Augustine. *Augustinian Studies*, 19, p. 112

86 Harrison, P. (2001). Curiosity, forbidden knowledge, and the reformation of natural philosophy in early modern England. Isis, 92(2), 265-290. p. 267-268.

87 Moller, V. (2019). *The map of knowledge. A thousand-year history of how classical ideas were lost and found*. New York, NY: Doubleday.

88 Harrison, P. (2001). Curiosity, forbidden knowledge, and the reformation of natural philosophy in early modern England. *Isis*, 92(2), 265-290.

89 Going forward I will use the term "mother" in a non-gendered way to refer to the primary caregiver.

90 Hublin, J. J. (2005). Evolution of the human brain and comparative paleo-anthropology. In Dehaene, S., Hauser, M. D., Duhamel, J. R., & Rizzolatti, G. (Eds.), *From monkey brain to human brain: A Fyssen Foundation symposium* (pp. 57-71). Cambridge, MA: The MIT Press.

91 Hublin, J. J. (2005). Evolution of the human brain and comparative paleo-anthropology. In Dehaene, S., Hauser, M. D., Duhamel, J. R., & Rizzolatti, G. (Eds.), *From monkey brain to human brain: A Fyssen Foundation symposium* (pp. 57-71). Cambridge, MA: The MIT.

92 Slade, A. (2014). Imagining fear: Attachment, threat and psychic experience. *Psychoanalytic Dialogues*, 24: 253-266: Taylor & Francis Group, LLC.

93 Gibson, E. J., & Walk, R. D. (1960). "The visual cliff." *Scientific American*,

202(4), 64-71.

94 Klinnert, M. D., Campos, J., Source, J. F., Emde, R. N., & Svejda, M. J. (1983). Social referencing. *Emotion*, 2, 57-86.

95 D.W. Winnicott (1971) p. xx.

96 Dan Siegel Prunning.

第7章 想像革命

97 Rushkoff, D. (2019) Team Human. New York, NY: Norton.

98 Levack, B. P. (2006) *The witch-hunt in early modern europe*, (3rd ed.). Great Britain: Pearson Education Limited.

99 Gleick, J. (2010). At the beginning: more things in heaven and earth. In Bryson, B. (Ed.), *Seeing further: The story of science, discovery, and the genius of the Royal Society*. (pp. 17-35). New York, NY: William Morrow / HarperCollins.

100 Dolnick, E. (2011). *The clockwork universe: Isaac Newton, the Royal Society, and the birth of the modern world*. New York: Harper Collins.

101 The Diary of Samuel Pepys.

102 Gleick, J. (2010). At the beginning: more things in heaven and earth. In Bryson, B. (Ed.), *Seeing further: The story of science, discovery, and the genius of the Royal Society*. (pp. 17-35). New York, NY: William Morrow / HarperCollins.

103 BUTTERFIELD, H. (1957). *The origins of modern science 1300-1800* (2nd ed.). London: G. Bell and Sons Ltd.

104 Gleick, J. (2010). At the beginning: more things in heaven and earth. In Bryson, B. (Ed.), *Seeing further: The story of science, discovery, and the genius of the Royal Society*. (pp. 17-35). New York, NY: William Morrow / HarperCollins.

105 From the diary of Pepys in Gleick, J. (2010). At the beginning: more things in heaven and earth. In Bryson, B. (Ed.), *Seeing further: The story of science, discovery, and the genius of the Royal Society*. (pp. 17-35). New York, NY: William Morrow / HarperCollins. P. 29

106 Bacon, Francis, (1620). *Novum Organum*. In Hutchins, R. M. (Ed.).(1952). *Great books of the western world: Francis Bacon* (Vol. 30, pp. 107-195). Chicago, Ill.: W. Benton / Encyclopedia Britannica p. 135

107 Harrison, P. (2001). Curiosity, forbidden knowledge, and the reformation of natural philosophy in early modern England. Isis, 92(2), 265-290.

108 Quoted in Ball, P. (2010). Making stuff: from Bacon to Bakelit. In Bryson, B. (Ed.), *Seeing further: The story of science, discovery, and the genius of the Royal Society*. (pp. 295-319). New York, NY: William Morrow / HarperCollins. P. 299

109 Shapin, S. (2018). *The scientific revolution*. (2nd ed.) Chicago & London: University of Chicago Press. p. 20

110 Bacon, Francis, (1620). *Novum Organum*. In Hutchins, R. M. (Ed.).(1952). *Great books of the western world: Francis Bacon* (Vol. 30, pp. 107-195). Chicago, Ill.: W. Benton / Encyclopedia Britannica p. 110

111 Fosshage, J.L. (2004). The Role of Empathy and Interpretation in the Therapeutic Process: Commentary on Discussions of Salee Jenkins's Clinical Case. Progress in Self Psychology, 20:325-334.

112 Bacon, Francis, (1620). Novum Organum. In Hutchins, R. M. (Ed.).(1952). *Great books of the western world: Francis Bacon* (Vol. 30, pp. 107-195). Chicago, Ill.: W. Benton / Encyclopedia Britannica. P. 110

113 Bacon quoted in Gleick, J. (2003). *Isaac Newton*. New York: Random House. P. 63

114 Bacon, Francis, (1627). New Atlantis. In Hutchins, R. M. (Ed.).(1952). *Great books of the western world: Francis Bacon* (Vol. 30, pp. 199-214). Chicago, Ill.: W. Benton / Encyclopedia Britannica. P. 207

第 8 章　恐怖のパラドックス

115 Williamson, M.

116 Richtel, Matt. New York Times, 7 April 2019.

117 CDC. Antibiotic Resistance Threats in the United States, 2019. Atlanta, GA: US Department of Health and Human Services, CDC; 2019.

118 スピリチュアル・バイパスという言葉は，1980年代に仏教徒の心理セラピスト，ジョン・ウッドによってつくられた。

119 Kurzweil, R. (2005) The Singularity Is Near: When Humans Transcend Biology. New York: Penguin.

第9章　カメ

120 Glassner, B. (2010). *The Culture of Fear: Why Americans Are Afraid of the Wrong Things: Crime, Drugs, Minorities, Teen Moms, Killer Kids, Muta.* Hachette UK.

121 Alleg, H. (2006). *The question* (J. Calder, Trans.). Lincoln, NE: U of Nebraska Press. (Original work published 1958).

122 Sartre, J. (2006). Preface. In H. Alleg, *The question* (J. Calder, Trans.), (pp. xxvii-xliv). Lincoln, NE: U of Nebraska Press. (Original work published 1958).

123 Brown, B. (2012) *Daring Greatly. How the Courage to Be Vulnerable Transforms the Way We Live, Love, Parent, and Lead.* New York, NY: Avery.

謝 辞

心からの感謝を私の妻，ハイディ・フリーズに捧げます。彼女の尽きることのない励ましとサポートのおかげで，無事にこの本を世に送り出すことができました。また，本書の出版にあたっては多くの方々にお世話になりました。友情と信頼を寄せてくれたダグ・ラシュコフ氏，本書の執筆から出版まで親身にお世話してくださったエージェントのジェフ・シュリーヴ氏，ブレンダ，ヤディラ，クリスティーナ，ロビン，ジャーメイン，また本書を出版する機会をお与えくださった出版社Mangoの皆さんに，感謝の意を表したいと思います。スーザン・ドミヌス女史はこの本を書き始めた頃，私のとりとめのないメモや下書きに目を通す時間を必ずとってくれました。そして想像力豊かなN.H.，この本の執筆の最初から最後まで応援してくれたキャロライン・ジェイコブズ女史，最後に私の進むべき道を示してくれた患者の皆さんへ，心より感謝申し上げます。

著者について

フランク・ファランダ博士は，ニューヨーク市で独立開業し，17年間の経験をもつ臨床心理士である。日常では，本書のテーマである私たちの内面の恐怖や想像とうまくつき合えるよう人々の力になることに専念している。ファランダ博士は，ニューヨーク市のコロンビア大学ティーチャーズカレッジで発達心理学と教育学の修士号を，ニューヨーク州のアデルファイ大学ダーナー・インスティテュートで臨床心理学の博士号を取得した。ポストドクトラル・フェローーシップ（博士課程修了後の研究奨学金）をニューヨーク大学の心理療法および精神分析のポストドクトラルプログラム，および同大学ラスク・リハビリテーション医学研究所から受給。また，ニューヨーク市のニュースクール大学において，"The Development of the Self（自己の発達）"，"An Introduction to Jung（ユング入門）"などいくつかの講座を受けもった。最近の数年間では，本書の準備のために心，比喩，および想像に関する学術論文を出版。また，学術専門誌"*Psychoanalytic Inquiry*（精神分析研究）"における二つのジャーナル特集号では客員編集を行っている。

▌著者

フランク・ファランダ／Frank Faranda

ニューヨーク市のコロンビア大学ティーチャーズカレッジで発達心理学と教育学の修士号を，ニューヨーク州のアデルファイ大学ダーナー・インスティテュートで臨床心理学の博士号を取得。ニューヨーク市のニュースクール大学においていくつかの講座を受けもったほか，最近の数年間では本書の準備のために，心，比喩および想像に関する学術論文を出版。また，学術専門誌『Psychoanalytic Inquiry（精神分析研究）』における二つのジャーナル特集号では客員編集を行うなど，精力的に活動している。

▌監訳者

清水寛之／しみず・ひろゆき

神戸学院大学心理学部教授。博士（文学）。公認心理師。1959年生まれ。大阪市立大学大学院文学研究科後期博士課程単位取得退学。著書に『記憶におけるリハーサルの機能に関する実験的研究』（風間書房），『メタ記憶』（編著，北大路書房）など。監訳・訳書に『図鑑心理学』（ニュートンプレス）がある。

井上智義／いのうえ・ともよし

聖心女子大学現代教養学部心理学科教授。同志社大学名誉教授。京都大学博士（教育学）。1954年生まれ。京都大学教育学研究科後期博士課程中途退学。著書に『人間の情報処理における聴覚言語イメージの果たす役割』（北大路書房），『福祉の心理学』（サイエンス社）など。監訳・訳書に『図鑑心理学』（ニュートンプレス）がある。

▌訳者

松矢英晶／まつや・ひであき

アメリカ・ハワード大学経済学部大学院卒。ニューヨーク，ロンドン，パリ，東京の金融市場で先端金融取引業務に携わり，日本国内の小規模企業への投資市場で活動したのち，翻訳業開始。金融市場に関わる調査分析レポート，学術論文など翻訳多数。

「恐怖」のパラドックス

安心感への執着が恐怖心を生む

2021年4月15日発行

著者	フランク・ファランダ
監訳者	清水寛之，井上智義
訳者	松矢英晶
編集，翻訳協力	編集プロダクション 雨輝
編集	道地恵介，山口奈津
表紙デザイン	岩本陽一
発行者	高森康雄
発行所	株式会社 ニュートンプレス
	〒112-0012 東京都文京区大塚 3-11-6
	https://www.newtonpress.co.jp

© Newton Press 2021　Printed in Korea
ISBN 978-4-315-52354-6